So wirst du ein
MATHE
GENIE

 Penguin Random House

LONDON, NEW YORK,
MELBOURNE, MÜNCHEN UND DELHI

Lektorat Francesca Baines
Projektbetreuung Clare Hibbert, James Mitchem
Gestaltung Hoa Luc
Bildredaktion Jim Green, Stefan Podhorodecki,
Dave Ball, Jeongeun Yule Park
Cheflektorat Linda Esposito
Chefbildlektorat Diane Peyton Jones
Redaktionsleitung Laura Buller
Herstellung Victoria Khroundina, Louise Minihane
Umschlaggestaltung Manisha Majithia, Laura Brim
Bildrecherche Nic Dean
DK Picture Library Romaine Werblow

Programmleitung Jonathan Metcalf
Programmmanager Liz Wheeler
Art Director Phil Ormerod

Für die deutsche Ausgabe:
Programmleitung Monika Schlitzer
Redaktionsleitung Martina Glöde
Herstellungsleitung Dorothee Whittaker
Herstellung Margret Hiebler

Bibliografische Information Der Deutschen Bibliothek
Die Deutsche Bibliothek verzeichnet diese Publikation
in der Deutschen Nationalbibliografie;
detaillierte bibliografische Daten sind im
Internet über http://dnb.ddb.de abrufbar.

Titel der englischen Originalausgabe:
Train your brain to be a maths genius

© Dorling Kindersley Limited, London, 2012
Ein Unternehmen der Penguin Random House Group

© der deutschsprachigen Ausgabe by
Dorling Kindersley Verlag GmbH, München, 2013
Alle deutschsprachigen Rechte vorbehalten

Übersetzung Brigitte Rüßmann, Wolfgang Beuchelt (Scriptorium – Köln)
Lektorat Birgit Reit

ISBN 978-3-8310-2292-2

Printed and bound in Slovakia by TBB

Besuchen Sie uns im Internet
www.dorlingkindersley.de

Dieses Buch ist voller Rätsel, Aufgaben und Spiele, die Spaß machen und dein Gehirn zum Kochen bringen. Frag doch auch mal deine Eltern – sie wissen bestimmt auch nicht alles und ihr könnt gemeinsam grübeln.

So wirst du ein MATHE GENIE

Text Dr. Mike Goldsmith
Fachliche Beratung Branka Surla
Illustrationen Seb Burnett

INHALT

6   Überall Mathe

DAS MATHE-GEHIRN

10 Dein Gehirn
12 Ein Kopf für Mathe
14 Mathe lernen
16 Hirn oder Maschine
18 Probleme mit Zahlen
20 Frauen und Mathematik
22 Die Lösung sehen

ZAHLEN ERFINDEN

26 Zählen lernen
28 Zahlensysteme
30 Die große Null
32 Pythagoras
34 Raus aus der Schublade
36 Zahlenmuster
38 Rechentipps
40 Archimedes
42 Mathe und Messen
44 Wie groß? Wie weit?
46 Wie groß ist das Problem?

MAGISCHE ZAHLEN

50 Reihen erkennen
52 Pascals Dreieck
54 Magische Quadrate
56 Fehlende Zahlen
58 Carl Friedrich Gauß
60 Unendlichkeit
62 Zahlen mit Bedeutung
64 Zahlentricks
66 Primzahlpuzzles

FLÄCHEN UND KÖRPER

70 Dreiecke
72 Formsache
74 Flächenzauber
76 Immer im Kreis
78 Die dritte Dimension
80 3-D-Puzzles
82 Spaß mit 3-D
84 Leonhard Euler
86 Irre Gärten
88 Optische Täuschungen
90 Unmögliche Figuren

WELT DER MATHEMATIK

94   Interessante Zeiten
96   Karten
98   Isaac Newton
100 Wahrscheinlichkeit
102 Daten darstellen
104 Logikrätsel und Paradoxe
106 Knacke die Codes
108 Codes und Chiffren
110 Alan Turing
112 Algebra
114 Kopfnüsse
116 Geheimnisse des Universums
118 Das große Quiz

120 Glossar
122 Lösungen
126 Register

Dieses Buch steckt voller kniffliger Rätsel und Aufgaben. Die Lösungen findest du ganz hinten auf den Seiten 122–125.

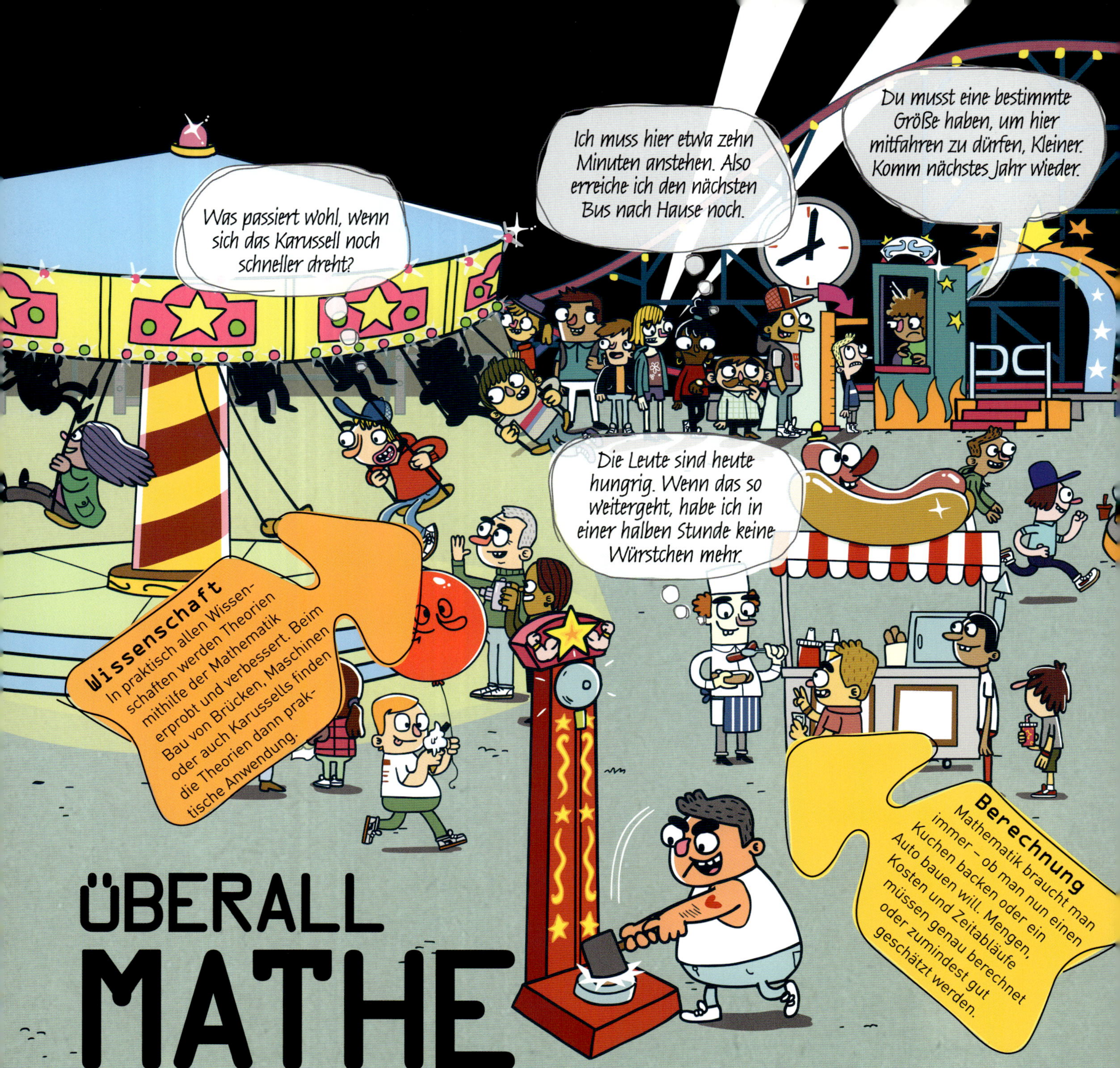

ÜBERALL MATHE

Sich unsere Welt ohne Zahlen vorzustellen, ist praktisch unmöglich. Wir benutzen sie ständig und häufig unbewusst: z. B. wenn wir auf die Uhr sehen, einkaufen gehen, einen Ball fangen oder spielen. Dieses Buch bringt mit vielen kniffligen Rätseln dein mathematisches Denken auf Touren. Es erklärt spannende Ideen und erzählt die Geschichten großer Mathematiker, die die Welt verändert haben.

Was passiert wohl, wenn sich das Karussell noch schneller dreht?

Ich muss hier etwa zehn Minuten anstehen. Also erreiche ich den nächsten Bus nach Hause noch.

Du musst eine bestimmte Größe haben, um hier mitfahren zu dürfen, Kleiner. Komm nächstes Jahr wieder.

Die Leute sind heute hungrig. Wenn das so weitergeht, habe ich in einer halben Stunde keine Würstchen mehr.

Wissenschaft
In praktisch allen Wissenschaften werden Theorien mithilfe der Mathematik erprobt und verbessert. Beim Bau von Brücken, Maschinen oder auch Karussells finden die Theorien dann praktische Anwendung.

Berechnung
Mathematik braucht man immer – ob man nun einen Kuchen backen oder ein Auto bauen will. Mengen, Kosten und Zeitabläufe müssen genau berechnet oder zumindest gut geschätzt werden.

Quadratpuzzle
Diese Formen ergeben ein Quadrat, wie es auf einer der Budenwände zu sehen ist. Aber es hat sich eine zusätzliche Form dazwischengemogelt. Findest du heraus, welche Form nicht dazugehört?

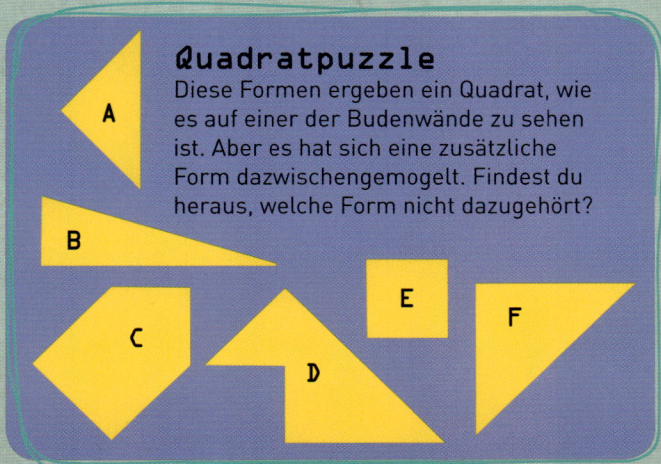

Das Mathe-Gehirn

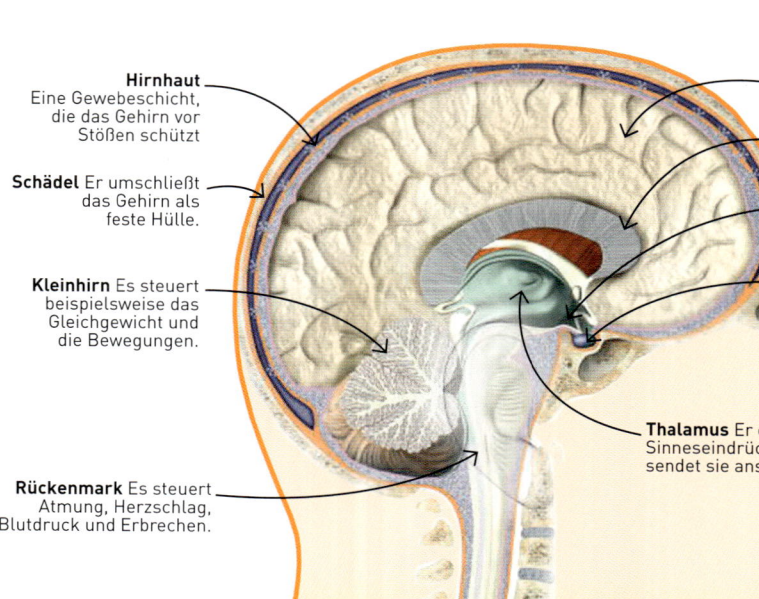

Hirnhaut Eine Gewebeschicht, die das Gehirn vor Stößen schützt

Schädel Er umschließt das Gehirn als feste Hülle.

Kleinhirn Es steuert beispielsweise das Gleichgewicht und die Bewegungen.

Rückenmark Es steuert Atmung, Herzschlag, Blutdruck und Erbrechen.

Großhirn Es ist der Ort des aktiven Denkens und Erinnerungsspeicher.

Großhirnbalken Er verbindet die beiden Gehirnhälften.

Hypothalamus Er steuert Schlaf, Hunger und Körpertemperatur.

Hypophyse Sie steuert die Ausschüttung von Hormonen.

Thalamus Er empfängt Sinneseindrücke und sendet sie ans Großhirn.

Ein Blick hinein

Dieser Querschnitt durch den Schädel zeigt den denkenden Teil des Gehirns, das Großhirn. Unter der äußeren Großhirnrinde befindet sich die „weiße Substanz", die die Signale durch das Gehirn leitet.

DIE ZWEI GEHIRNHÄLFTEN

Das Großhirn hat zwei Hälften, die jeweils für die andere Seite des Körpers verantwortlich sind. So werden Informationen des rechten Auges in der linken Hälfte verarbeitet. Bei manchen Aufgaben – wie etwa Berechnungen – arbeiten beide Hälften zusammen, bei anderen funktionieren sie unabhängig.

DIE LINKE GEHIRNHÄLFTE

Die linke Hälfte des Gehirns ist für logisches Denken, Vernunft und dafür zuständig, wie gut wir uns mit Sprache ausdrücken können. Mit ihr tüftelst du auch die Ergebnisse von Rechenaufgaben aus.

Sprache
Die linke Gehirnhälfte befasst sich mit der Bedeutung von Wörtern, aber die rechte setzt sie zu Sätzen und Geschichten zusammen.

Logisches Denken
Logisches, wissenschaftliches Denken ist Aufgabe der linken Gehirnhälfte. Allerdings müssen Wissenschaftler auch kreativ sein.

Vernunft
Sachliches Nachdenken und Handeln scheint hauptsächlich eine Aktivität der linken Gehirnhälfte zu sein. Sie kann Probleme durchdenken und Lösungen finden.

Mathematische Fähigkeiten
Die linke Gehirnhälfte befasst sich mit Zahlen und Berechnungen, die rechte mit Formen und Mustern.

Schreibfähigkeit
Genau wie beim Sprechen sind auch beim Schreiben beide Gehirnhälften aktiv. Die rechte Hälfte ordnet die Ideen und die linke hilft, sie in Worte zu fassen.

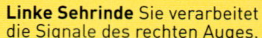

Linke Sehrinde Sie verarbeitet die Signale des rechten Auges.

DEIN GEHIRN

Das Gehirn ist das komplexeste Organ des Körpers. Es ist eine schwammige Masse aus Milliarden mikroskopisch kleiner Nervenzellen. Sein größter Teil ist das Großhirn, das ein wenig aussieht wie ein Blumenkohl. Seine beiden Hälften (Hemisphären) sind durch ein Netzwerk von Nerven verbunden. Hier finden mathematisches Denken und Berechnungen statt.

Die äußere Schicht

Das Denken findet in der äußerer Schicht des Großhirns statt. Ihre Falten und Wirbel sorgen für eine möglichst große Oberfläche. Bei präparierten Gehirnen ist sie grau. Daher spricht man auch von „grauer Substanz".

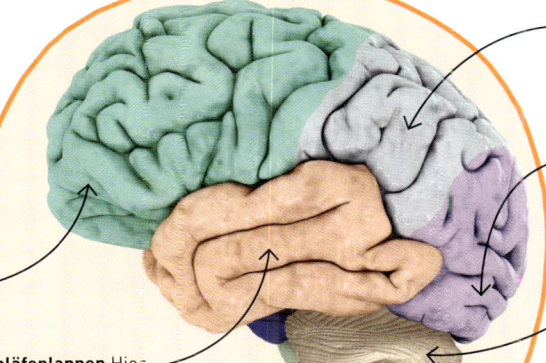

Scheitellappen Hier werden Sinneseindrücke gesammelt, wie etwa Signale vom Tast- oder Geschmackssinn.

Hinterhauptlappen Hier werden aus den Informationen der Augen Bilder erzeugt.

Kleinhirn Es sitzt unterhalb des Großhirns mit seinen beiden Hälften und kontrolliert die Muskeln.

Rechtes Auge Seine lichtempfindlichen Zellen sammeln Informationen, die in der Sehrinde des linken Hinterhauptlappens verarbeitet werden.

Stirnlappen Er ist wichtig fürs Denken, die Persönlichkeit, Sprache und Gefühle.

Rechter Sehnerv Er leitet die Informationen des rechten Auges an die linke Sehrinde.

Schläfenlappen Hier werden Geräusche erkannt und hier sitzt auch das Langzeitgedächtnis.

Rückenmark Es verbindet das Gehirn mit den Nerven, die durch den gesamten Körper verlaufen.

DIE RECHTE GEHIRNHÄLFTE

Die rechte Gehirnhälfte ist der Sitz von Kreativität und Intuition, und sie erkennt und beurteilt Formen und Bewegungen. Mit dieser Gehirnhälfte nimmst du auch Schätzungen vor.

Räumliches Denken
Die Form von Gegenständen und ihre Position im Raum erfassen wir vor allem mit der rechten Gehirnhälfte. Diese Fähigkeit ermöglicht es auch, dass wir uns Dinge vorstellen.

Vorstellungskraft
Hauptsächlich bestimmt deine rechte Gehirnhälfte, wie viel Fantasie du hast. Allerdings hilft die linke Gehirnhälfte dir, deine Ideen in Worte zu fassen.

Kunst
Die rechte Gehirnhälfte ist der Sitz der räumlichen Vorstellung. Wenn wir zeichnen, malen oder Kunstgegenstände betrachten, ist sie besonders aktiv.

Musik
Mit der rechten Gehirnhälfte erfassen und bewerten wir Musik. Aber nur mithilfe der linken Hälfte können wir die Muster erkennen, die sie schön klingen lassen.

Erkenntnis
Augenblicke der Erkenntnis kommen aus der rechten Gehirnhälfte. Das sind die Momente, in denen du plötzlich eine Verbindung zwischen zwei unterschiedlichen Ideen erkennst.

Neuronen und Zahlen

Neuronen sind Gehirn- oder Nervenzellen. Sie sind verbunden und leiten elektrische Signale weiter. Jeder Gedanke, jede Idee, jedes Gefühl ist das Ergebnis eines solchen Nervensignals. Wissenschaftler haben herausgefunden, dass bestimmte Neuronen besonders aktiv sind, wenn wir an bestimmte Zahlen denken.

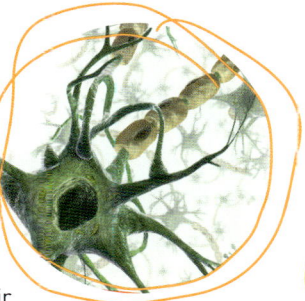

Beim Rechnen

Diese Aufnahme eines Gehirns wurde gemacht, während der Untersuchte gerade subtrahierte. Die gelben und orangefarbenen Bereiche zeigen die Gehirnregionen, in denen die Neuronen besonders aktiv waren. Interessant ist dabei, dass sie nicht nur in einem Bereich liegen, sondern überall im Gehirn verteilt sind.

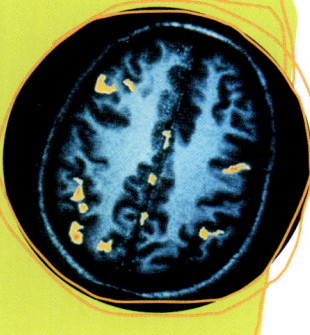

KNIFFLIGE RÄTSEL

Ein Kopf für MATHE

Etwa 10 % der Menschen denken bei einer Zahl auch an eine Farbe. Probiere das einmal mit Freunden. Schreibt die erste Zahl auf, die euch einfällt, wenn ihr an die Farbe Rot denkt, dann Schwarz, dann Blau usw. Denkt ihr teilweise an die gleiche Zahl?

Wenn du dich mit Mathematik befasst, sind viele Teile deines Gehirns aktiv. Aber mit Zahlen (Arithmetik) geht dein Gehirn ganz anders um als mit Formen und Mustern (Geometrie). Menschen, die mit Zahlen Probleme haben, sind meist in Geometrie gut, und umgekehrt. Oftmals gibt es verschiedene Möglichkeiten, ein Problem zu lösen und dabei die verschiedenen Talente einzusetzen.

Wie zählst du?
Wenn du in Gedanken zählst, denkst du dann daran, wie die Zahl klingt oder wie sie aussieht? Hier sind zwei Experimente für dich. Welches fällt dir leichter?

🧠 Es gibt vier grundsätzliche Lernmethoden, die auch alle für die Mathematik genutzt werden können: Aufschreiben, bildlich Vorstellen, Zuhören und Ausprobieren durch „Begreifen".

Schritt 1
Zähle an einem lauten Ort mit geschlossenen Augen in Dreierschritten von 100 abwärts. Versuche es erst mit Hören, dann mit Sehen.

Schritt 2
Teste beide Methoden noch einmal, während du ohne Ton fernsiehst. Welche der beiden Übungen fällt dir leichter?

Ein kurzer Blick
Unser Gehirn hat sich so entwickelt, dass es wichtige Dinge schnell – mit einem kurzen Blick – erfassen und überdenken kann, während es sie betrachtet.

🧠 Beim schnellen „Sehen" erfasst das Gehirn drei bis vier Gegenstände. Gruppen von bis zu vier Strichen kannst du dir daher gut merken. Bei größeren Gruppen schätzen wir die Anzahl nur grob. Deshalb machen wir bei ihnen öfter Fehler.

Schritt 1
Sieh dir die Reihen unten an – nur kurz und ohne zu zählen. Schreibe die Anzahl der Striche für jede der Gruppen einzeln auf.

Schritt 2
Nun zähle die Striche jeder Gruppe und sieh nach, wie genau deine Schätzung war. In welcher Reihe lagst du richtig?

|||||| || | ||||| || |||| ||

||||| | ||||| ||||| ||| |||||||

Zahlenfuchs

Dein Kurzzeitgedächtnis kann eine bestimmte Anzahl von Informationen über einen kurzen Zeitraum speichern. Mit dieser Übung erfährst du, wie gut du dir Zahlen merken kannst. Arbeite von oben nach unten. Lies eine Zahlenreihe, decke sie ab und versuche sie zu wiederholen. Hör auf, sobald du nicht mehr alle Zahlen einer Reihe im Kopf behalten kannst.

631
7280
42539
357061
4282653
05426984
261958263
4639517280

Die meisten Menschen können sich bis zu sieben Zahlen für kurze Zeit merken. Meistens prägen wir uns Dinge ein, indem wir sie im Kopf aufsagen. Einige Zahlen sind gesprochen aber länger, und das wirkt sich darauf aus, wie viele Zahlen wir behalten können. Die chinesischen Zahlwörter sind alle sehr kurz, daher können sich Chinesen leichter mehr Zahlen merken.

Einfacher Test

Hier kannst du überprüfen, wie gut du Mengen abschätzen kannst. Es geht darum, auf einen Blick zu sagen, ob Mengen gleich sind. Du sollst also nicht zählen.

Du brauchst:
- eine Packung mit mindestens 40 kleinen Bonbons
- drei Schüsseln
- eine Stoppuhr
- einen Freund

Schritt 1
Stelle die drei Schüsseln auf und bitte deinen Freund, fünf Sekunden zu stoppen. Wenn er „Los" sagt, versuche die Bonbons gleichmäßig auf die Schüsseln aufzuteilen.

Schritt 2
Nun zähle, wie viele Bonbons in jeder Schüssel liegen. Wie gut hast du die Mengen abgeschätzt?

Du wirst wahrscheinlich überrascht sein, wie gut du die Bonbons aufgeteilt hast. Unser Gehirn kann Mengen sehr gut beurteilen, auch wenn es dabei nicht in Zahlen denkt.

Finde die Form

Kannst du jeweils die links abgebildete Form in der folgenden gleichfarbigen Reihe finden? Sie versteckt sich in einer der größeren Formen.

Wir haben ein natürliches Talent dafür, Muster zu erkennen. Der griechische Philosoph Platon erkannte dies schon vor langer Zeit, als er seinen Sklaven einige Formenrätsel gab. Sie lösten die Aufgaben richtig, obwohl sie keinerlei Schulbildung genossen hatten.

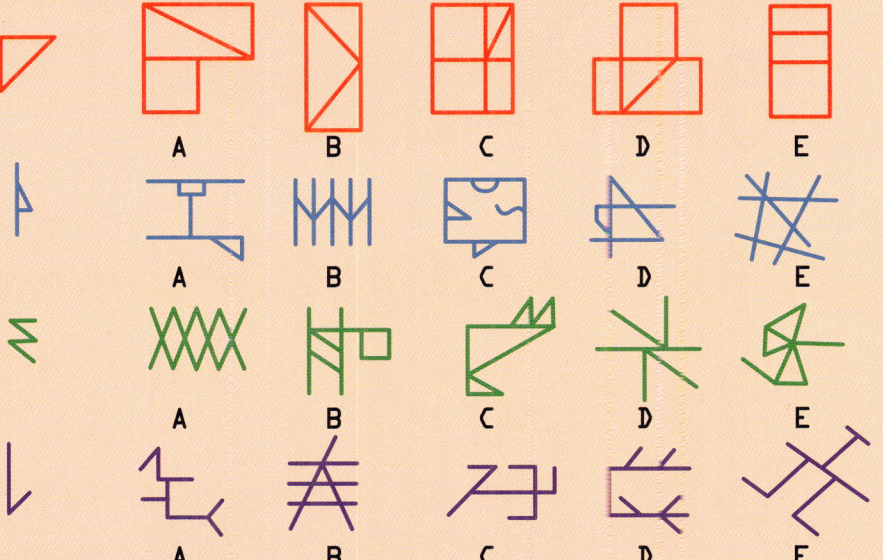

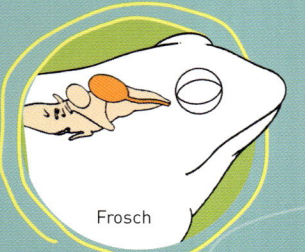
Frosch

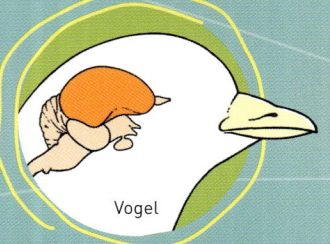
Vogel

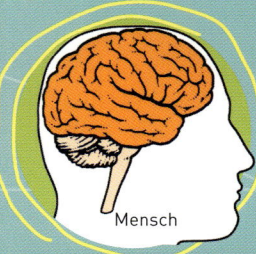
Mensch

Die Evolution des Gehirns
Im Verhältnis zur Körpergröße besitzt der Mensch von allen Tieren das größte Gehirn. Es ist auch größer als das unserer affenähnlichen Vorfahren. Ein größeres Gehirn spricht für eine größere Fähigkeit zu denken und Probleme zu lösen.

Viele Menschen finden Mathematik sehr schwierig. Aber wo kommt sie her? Haben die Menschen sie erfunden? Die Antwort lautet: „Ja und Nein." Wir Menschen – und auch einige Tiere – kommen mit einem grundlegenden Verständnis für Mathematik zur Welt, aber das meiste ist selbst erdacht.

MATHE LERNEN

Ein Gespür für Zahlen
In den letzten Jahren haben Wissenschaftler die mathematischen Fähigkeiten von Babys und Kleinkindern getestet. Sie haben entdeckt, dass wir Menschen bereits von Geburt an ein gewisses Zahlenverständnis besitzen.

48 Stunden alte Babys
Selbst neugeborene Babys haben ein Gespür für Zahlen. Sie erkennen einen Unterschied, wenn man ihnen erst zwölf Enten und dann vier Enten zeigt.

Mit 6 Monaten
Forscher zeigten einem Baby zwei Stofftiere, verdeckten sie und nahmen ein Stofftier weg. Die Gehirnaktivität des Babys zeigte, dass es wusste, dass etwas nicht stimmte. Es erkannte den Unterschied zwischen eins und zwei.

Clevere Tiere
Viele Tiere haben ein Gespür für Zahlen. Eine Krähe namens Jakob erkannte eine Schachtel unter vielen gleichen Schachteln wieder, weil darauf fünf Punkte aufgemalt waren. Ameisen scheinen ganz genau zu wissen, wie viele Schritte zwischen ihnen und ihrem Nest liegen.

PROBIER'S AUS

Kann dein Haustier zählen?
Hunde können etwa bis drei „zählen". Lass deinen Hund zusehen, wie du ein, zwei oder drei Leckerchen weit wegwirfst. Wenn er so viele Leckerchen gefunden hat, wie du geworfen hast, hört er meist auf zu suchen. Wenn du aber fünf oder sechs Leckerchen wirfst, verliert er den Überblick und weiß nicht mehr, wann er mit dem Suchen aufhören kann. Er sucht weiter, auch wenn er schon alle gefunden hat. Verwende dazu trockene Leckerchen und wirf sie außer Sichtweite.

Sensorisches Gedächtnis
Wir merken uns fast alles, was unsere Sinne aufnehmen, aber nur etwa eine halbe Sekunde lang. Das sensorische Gedächtnis kann rund zwölf Dinge gleichzeitig speichern.

Kurzzeitgedächtnis
Eine Handvoll Dinge (wie Ziffern oder Wörter) behalten wir rund eine Minute lang im Gedächtnis. Wenn wir sie nicht erlernen, vergessen wir sie danach.

Langzeitgedächtnis
Mit etwas Mühe können wir eine erstaunliche Anzahl von Fakten und Fertigkeiten erlernen. Diese Langzeiterinnerungen bleiben uns ein Leben lang erhalten.

So arbeitet das Gedächtnis

Das Gedächtnis ist für die Mathematik sehr wichtig. Nur mit seiner Hilfe können wir Zahlen während des Rechnens behalten und das Einmaleins sowie einfache Gleichungen auswendig lernen. Es gibt unterschiedliche Gedächtnisarten. Beim Rechnen merken wir uns nur kurz die letzten paar Zahlen (Kurzzeitgedächtnis), aber wie wir von 1 bis 10 und weiter zählen, merken wir uns ein Leben lang (Langzeitgedächtnis).

Vielleicht behältst du das Einmaleins besser, wenn du es aufsagst oder singst. Oder schreibe es auf und suche nach Mustern. Und natürlich solltest du es immer wieder üben.

Mit 4 Jahren

Im Alter von vier Jahren können die meisten Kinder bis zehn zählen. Allerdings gerät die Reihenfolge noch manchmal durcheinander. Größere Mengen, z. B. Hunderte, können sie schätzen. Mit vier Jahren fangen Kinder auch an, einfache Dinge auf Papier zu malen und Mengen bildlich darzustellen.

Ich male ganz viele Punkte – Hunderte von Punkten!

5–9 Jahre

Wenn man fünfjährige Kinder bittet, mit Zahlen beschriftete Klötze zu sortieren, stellen sie die niedrigen Zahlen oft weiter auseinander als die hohen. Etwa ab dem neunten Lebensjahr erkennen sie, dass der Abstand immer gleich ist – nämlich eins –, und stellen sie in gleichmäßigem Abstand auf.

Der schlaue Hans

Vor etwas mehr als einem Jahrhundert lebte ein rechnendes Pferd namens Hans. Es schien addieren, subtrahieren, multiplizieren und dividieren zu können und stampfte die Lösung mit dem Huf. In Wirklichkeit konnte Hans aber nicht zählen, sondern nur die Körpersprache seines Besitzers gut deuten. Er beobachtete das Gesicht seines Besitzers und hörte auf, sobald dieser mit der Anzahl der Hufstampfer zufrieden war.

Dein Gehirn:
- Es besteht aus rund 100 Milliarden Neuronen (Gehirnzellen).
- Jedes Neuron kann rund 100 Signale pro Sekunde senden.
- Die Signale haben eine Geschwindigkeit von 10 Meter/Sekunde.
- Das Gehirn arbeitet und sendet weiter Signale, selbst wenn du schläfst.

HIRN oder

In einem Kampf der Supermächte Gehirn gegen Maschine würde das menschliche Gehirn siegen! Supercomputer können zwar blitzschnell schwierigste Berechnungen vornehmen, aber sie können weder kreativ denken noch einem menschlichen Genie das Wasser reichen. Der Mensch bleibt dem Computer also vorerst einen Schritt voraus.

Wunderkinder
Als Wunderkinder bezeichnet man Menschen, die schon als Kind ein besonderes Talent besitzen, etwa für Mathematik, Musik oder Kunst. Der Inder Srinivasa Ramanujan (1887–1920) beispielsweise hatte kaum Schulbildung, wurde aber ein herausragender Mathematiker. Viele Wunderkinder haben ein außergewöhnlich gutes Gedächtnis und können sich sehr viele Informationen merken.

Harte Arbeit
In den meisten Fällen sind Ausdauer und harte Arbeit der Schlüssel zum Erfolg. 1637 stellte der Mathematiker Pierre de Fermat einen Lehrsatz auf, enthüllte aber den Beweis nicht. Über dreihundert Jahre lang versuchten sich große Mathematiker an dieser scheinbar unlösbaren Aufgabe. Der Brite Andrew Wilson war bereits mit zehn Jahren vom Großen Fermatschen Satz fasziniert. 30 Jahre später, 1995, fand er schließlich den Beweis.

Inselbegabung
Bei Menschen mit sehr hoher Begabung auf einem Fachgebiet spricht man von einer Inselbegabung. Man nennt sie Savants. Daniel Tammet ist ein 1979 in Großbritannien geborener Savant, der ein außergewöhnliches mathematisches Talent besitzt. So kann er sich 22 514 Kommastellen der Zahl Pi merken (siehe S. 76–77). Tammet hat Synästhesie, das heißt, er sieht Zahlen zusammen mit Formen und Farben.

Wie steht es mit dir?
Wenn du im Kopf Zahlen addieren sollst, behältst du die Zahlen während des Rechnens „im Kopf". Sie sind in deinem Kurzzeitgedächtnis gespeichert (siehe S. 15). Wenn du dir mehr als acht Zahlen merken kannst, hast du ein Talent für Zahlen.

Dein Computer:
- Er hat etwa 10 Milliarden Transistoren.
- Jeder Transistor kann rund 1 Milliarde Signale pro Sekunde senden.
- Die Signale haben eine Geschwindigkeit von rund 200 Millionen Kilometer/Sekunde
- Er hört auf zu arbeiten, wenn man ihn ausschaltet.

MASCHINE

Computer
Als die Computer erfunden wurden, nannte man sie elektronische Gehirne. Genau wie das menschliche Gehirn verarbeiten Computer Informationen und senden Steuersignale aus. Aber auch wenn Computer dem Gehirn in einigen Punkten sehr ähneln, gibt es doch mehr Unterschiede als Gemeinsamkeiten. Maschinen sind also noch nicht so weit, die Welt zu beherrschen.

Künstliche Intelligenz
Man spricht von künstlicher Intelligenz, wenn Computer scheinbar wie Menschen denken. Die rechenstärksten Computer führen Aufgaben schon sehr ähnlich wie Menschen aus, aber keiner hat die vielseitige Intelligenz eines Menschen. Das Computersystem Watson kann aus seinen eigenen Fehlern lernen, Entscheidungen fällen und Möglichkeiten eingrenzen. 2011 gewann es in einer Quizshow im US-Fernsehen gegen einen Menschen.

Etwas fehlt noch
Computer können viel besser rechnen als Menschen, aber viele unserer geistigen Fähigkeiten fehlen ihnen. Vor allem können sie keine eigenen Ideen entwickeln und sie können die sichtbare Welt nicht verstehen. Selbst der modernste Computer könnte nicht erkennen, was in einem unordentlichen Zimmer alles herumliegt!

Numerophobie
Eine Phobie ist eine Angst – manchmal sogar vor etwas, vor dem man eigentlich keine Angst zu haben braucht, wie etwa vor Zahlen. Die am meisten gefürchteten Zahlen sind die 4 (besonders in Japan und China) und die 13. Die Angst vor der Zahl 13 hat sogar einen eigenen Namen: Triskaidekaphobie. Auch wenn niemand Angst vor allen Zahlen hat, haben doch viele Angst vor dem Rechnen!

Dyskalkulie
Welche dieser beiden Zahlen ist größer? 76 46
Wer darüber lange nachdenken muss, leidet wahrscheinlich an Dyskalkulie. Bei dieser Krankheit arbeitet der Teil des Gehirns, der Zahlen vergleicht, nicht richtig. Menschen mit Dyskalkulie haben häufig auch Probleme, die Uhr zu lesen. Die Erkrankung ist aber sehr selten, eignet sich also nicht als Entschuldigung, wenn du immer den Bus verpasst.

PROBLEME MIT ZAHLEN

Ein Leben ohne Zahlen
Wir kommen zwar mit einem Gespür für Zahlen zur Welt, kompliziertere Dinge müssen wir aber erlernen. Nicht alle Gesellschaften verwenden solche mathematischen Ideen. Den Hadza, einem Volk in Tansania, war das Zählen bis vor Kurzem unbekannt. Deshalb hatten sie keine Namen für Zahlen, die größer waren als 3 oder 4.

Zu alt zum Lernen?
Mathematik ist für junge Menschen leichter zu erlernen als für ältere. Der große britische Naturforscher Michael Faraday hatte als Kind keinen Mathematikunterricht. Daher konnte er seine komplizierteren Arbeiten nie vollenden oder beweisen. Dazu fehlte ihm schlicht das mathematische Verständnis.

Aufgaben bildlich umsetzen
Wenn eine Rechenaufgabe sehr kompliziert klingt oder wenn darin Wörter oder Symbole vorkommen, die du nicht kennst, kann es dir helfen, wenn du dazu ein Bild malst oder dir die Aufgabe im Kopf vorstellst (sie visualisierst). So lassen sich Formen mit Papier und Bleistift ganz leicht in gleiche Teile teilen und man kommt besser auf die Lösung.

Übung macht den Meister
Den meisten von uns, die wir uns mit Mathematik schwertun, kommen die Leute, die in Quizshows komplizierte Matheaufgaben lösen, wie Genies vor. Aber eigentlich können wir alle Zahlenkünstler werden, wenn wir drei einfache Regeln befolgen: Wir müssen üben, grundlegende Berechnungen (wie das Einmaleins) auswendig lernen und Tipps und Tricks nutzen.

Viele Menschen finden Mathematik kompliziert und gehen ihr möglichst aus dem Weg. Es gibt zwar tatsächlich eine Mathematik-Lernstörung, aber sie kommt sehr selten vor. Die meisten Menschen können die grundlegenden Regeln mit ein wenig Übung und Zeit leicht lernen, und wer sie einmal beherrscht, behält sie ein Leben lang.

> Der Gelehrte Roger Bacon sagte im 13. Jahrhundert: „Wer die Mathematik nicht versteht, kann keine Wissenschaft verstehen, geschweige denn die Welt."

PROBIER'S AUS

Irreführende Zahlen
Zahlen können unser Denken beeinflussen. Du solltest also die Bedeutung von Zahlen kennen, damit man dich mit ihnen nicht in die Irre leiten kann. Lies diese beiden Geschichten und sei bei den Zahlen auf der Hut. Erkennst du, warum?

Eine nützliche Studie?
Eine Studie der Vereinigung für mehr Hochhäuser (VMH) hat ergeben, dass die Stadt die meisten ihrer 30 Parks schließen sollte. Zwei der drei Parks, die für die Studie untersucht wurden, hatten einen ganzen Tag lang weniger als 25 Besucher. Kannst du vier Argumente nennen, warum man der VMH nicht trauen sollte?

Das Gesamtbild
Im Ersten Weltkrieg trugen die Soldaten Stoffkappen und es gab viele Kopfverletzungen. Da man dringend besseren Schutz benötigte, griff man zu Helmen. Dies führte aber zu einem dramatischen Anstieg der Kopfverletzungen. Kannst du dir vorstellen, weshalb?

FRAUEN UND MATHEMATIK

Für Frauen war es immer sehr schwer, sich in der Mathematik und anderen Naturwissenschaften zu behaupten. Das liegt hauptsächlich daran, dass Frauen selten zur Schule gehen durften und kaum in diesen Fächern unterrichtet wurden. Es gab aber sehr entschlossene Frauen, die sich durchsetzen konnten und die wichtige Beiträge in der Mathematik leisteten.

Sofia Kowaljowskaja
Die 1850 in Russland geborene Sofia Kowaljowskaja war früh von der Mathematik begeistert: Ihr Zimmer war mit alten Mathematiknotizen ihres Vaters tapeziert, weil die Tapete nicht reichte. Damals durften Frauen nicht studieren, aber Sofia suchte sich auf eigene Faust Lehrer, lernte schnell und machte bald eigene Entdeckungen. Sie entwickelte eine Kreiseltheorie und berechnete die Bewegung der Saturnringe. Als sie 1891 starb, war sie Professorin für Mathematik.

Amalie Noether
Die deutsche Mathematikerin Amalie „Emmy" Noether erwarb 1907 den Doktortitel, aber zunächst wollte ihr keine Universität Arbeit bieten. Mithilfe von Unterstützern (darunter Albert Einstein) bekam sie schließlich einen Lehrstuhl an der Universität Göttingen, wurde aber anfangs nur von den Studenten bezahlt. 1933 musste die Jüdin Deutschland verlassen, wanderte in die USA aus und wurde dort Professorin. Sie entdeckte beispielsweise, dass man die Ergebnisse mathematischer Gleichungen auf andere Forschungsgebiete anwenden kann.

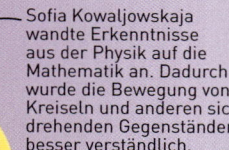

Sofia Kowaljowskaja wandte Erkenntnisse aus der Physik auf die Mathematik an. Dadurch wurde die Bewegung von Kreiseln und anderen sich drehenden Gegenständen besser verständlich.

Emmy Noether zeigte, wie sich anhand der Symmetrie vieler Dinge, wie z. B. der Atome, grundlegende physikalische Gesetze entdecken lassen.

Hypatia untersuchte, wie Schnitte durch einen Kegel verschiedene Kurvenlinien erzeugen.

Charles Babbage baute seinen Computer nie fertig. Erst zwei Jahrhunderte später wurde er nach seinen Plänen vollendet. Hätte er ihn gebaut, wäre er mit Dampfkraft betrieben worden!

Hypatia

Die Tochter eines Mathematikers und Philosophen wurde etwa 355 n. Chr. in Alexandria geboren, das damals zum Römischen Reich gehörte. Hypatia stieg zur Leiterin einer wichtigen Denkerschule auf, deren Mitglieder versuchten, die Natur zu verstehen. Sie wurde wahrscheinlich 415 n. Chr. von Gegnern ermordet, die ihre Theorien für gefährlich hielten.

Augusta Ada King

Augusta Ada King wurde 1815 geboren. Sie war die einzige eheliche Tochter des Dichters Lord Byron. Ihre Mutter ermutigte sie dazu, Mathematik zu studieren. Später traf sie Charles Babbage und arbeitete mit ihm an seinem Vorläufer des Computers. Zwar wurde keine seiner Rechenmaschinen je fertig, aber Augusta King hatte für sie das erste Computerprogramm der Welt geschrieben. Die Programmiersprache Ada ist nach ihr benannt.

Grace Hopper prägte den Ausdruck *bug* (engl. für „Insekt") für Programmierungsfehler, nachdem ihr eine Motte in den Computer geraten war.

Florence Nightingale verglich die Zahl der Toten und Todesursachen des Krimkriegs in den Jahren 1854 und 1855. Jedes Teilstück steht für einen Monat.

Blau steht für den Tod an vermeidbaren Erkrankungen.

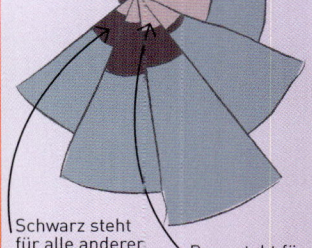

Schwarz steht für alle anderen Todesfälle.

Rosa steht für das Sterben an Wunden.

Florence Nightingale

Die englische Krankenschwester modernisierte im 19. Jahrhundert die Krankenpflege. Sie erstellte Statistiken und überzeugte die Behörden, dass die Soldaten häufiger an Infektionen starben als an ihren eigentlichen Wunden. Sie erfand sogar ein Diagramm, das einem Tortendiagramm ähnelte, um ihre Ergebnisse zu verdeutlichen.

Grace Hopper

Die Admiralin der US Navy-Reserve entwickelte den ersten Compiler – ein Computerprogramm, das Sprache in Computercode umwandelt. Zudem entwickelte sie die erste Programmiersprache, die von mehr als einem Computer benutzt werden konnte. Sie starb 1992. Das Kriegsschiff USS *Hopper* ist nach ihr benannt.

KNIFFLIGE RÄTSEL

DIE LÖSUNG
SEHEN

Was siehst du?
Zuerst solltest du die für das Sehen zuständigen Bereiche deines Gehirns trainieren, indem du Muster erkennst. Diese Bilder bestehen jeweils aus den Umrissen von drei verschiedenen Gegenständen. Kannst du erkennen, welche es sind?

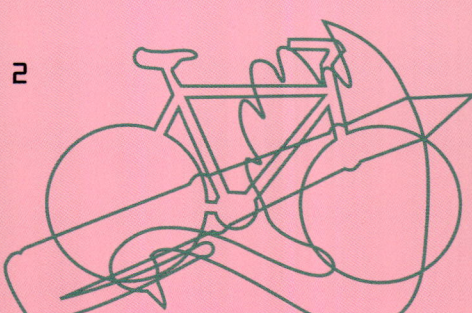

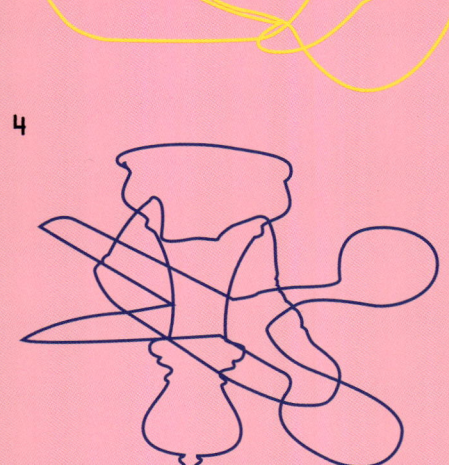

Zweidimensional denken
Lege 16 Streichhölzer wie hier zu fünf Quadraten zusammen. Kannst du aus den fünf Quadraten vier machen, indem du nur zwei Hölzer bewegst? Du darfst kein Streichholz wegnehmen.

Alles der Reihe nach
Um dieses Rätsel zu lösen, musst du dir vorstellen können, Gegenstände zu bewegen. Wenn du diese drei bunten Kacheln übereinanderlegst – die größte ganz unten –, welches der vier unten abgebildeten Bilder erhältst du dann?

Mathematik muss nicht immer mit Zahlen zu tun haben. Manchmal ist es einfacher, ein mathematisches Problem mit einem Bild zu lösen – man nennt dies Visualisieren. Durch Visualisierung findet sich manche logische Erklärung einfacher, da das Sehen verschiedene Bereiche des Gehirns anspricht. Kannst du die Lösungen dieser sechs Aufgaben sehen?

Dreidimensional sehen

Teste einmal, wie gut du einen räumlichen Gegenstand in Gedanken drehen kannst. Wenn du diese Form zu einem Würfel faltest, welchen der vier unten abgebildeten Würfel siehst du dann?

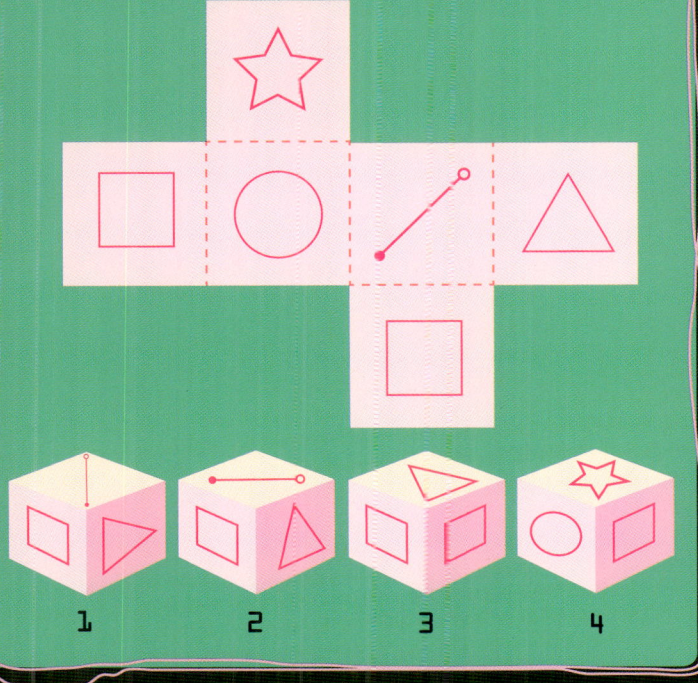

Sehen heißt verstehen

Wir sehen eine riesige Schlange, wie sie einen Baum hinaufklettert. Eine Hälfte der Schlange liegt noch unter dem Baum. Zwei Drittel der anderen Hälfte sind schon um den Baumstamm gewickelt und vom Ast hängt sie 1,5 m herunter. Wie lang ist die Schlange?

Neue Studien haben gezeigt, dass Videospiele die visuelle Aufmerksamkeit, das Kurzzeitgedächtnis und die Aufmerksamkeitsspanne trainieren können.

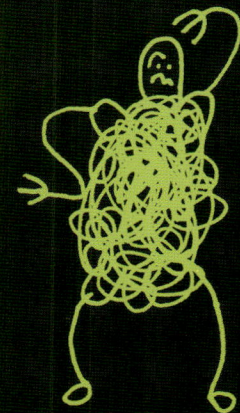

40% des Gehirns dienen nur zum Sehen und zur Verarbeitung von sichtbaren Informationen.

Verwirrende Bilder

Optische Täuschungen wie dieser Elefant beschäftigen das Gehirn, da es versucht, einen Sinn in ein Bild zu bringen, das keinen Sinn ergibt. Solche Bilder können die kreative Seite des Gehirns anregen und dich dazu bringen, die Dinge anders wahrzunehmen. Kannst du erkennen, wie viele Beine der Elefant hat?

Zahlen

ZÄHLEN LERNEN

Wir kommen mit einem Grundverständnis für Zahlen auf die Welt, aber das Rechnen müssen wir erst lernen. Die Regeln, die wir in der Schule lernen, haben sich die Menschen im Lauf der Jahrhunderte erarbeitet. Auf ganz einfache Fragen, wie: „Welche Zahl folgt auf die Neun?", „Wie teilt man einen Kuchen durch drei?", oder: „Wie zeichnet man ein Quadrat?", mussten die Antworten erst gefunden werden.

1. Finger und Kerbhölzer
Schon mehr als 100 000 Jahre lang benutzen Menschen ihre Finger zum Zählen: So können sie z. B. sagen, welcher Tag ist oder wie viele Tiere die Herde hat. Da wir Menschen zehn Finger haben, benutzen wir fast alle ein Zahlensystem mit den zehn Ziffern 0, 1, 2, 3, 4, 5, 6, 7, 8 und 9, das auch Dezimalsystem genannt wird. Wenn den Menschen früher beim Zählen die Finger ausgingen, machten sie Kerben in Hölzer oder Zählstäbe. Der älteste Fund ist ein 37 000 Jahre alter Pavianknochen mit Zählkerben.

4. Ägyptische Mathematik
Mit Brüchen können wir Dinge teilen. So können wir z. B. ausrechnen, wie wir ein Brot unter vier Leuten aufteilen. Heute würden wir sagen, jeder bekommt ein Viertel, also ¼. Die Ägypter verwendeten vor 4500 Jahren das Auge des Gottes Horus zum Bruchrechnen. Verschiedene Teile des Auges standen für bestimmte Brüche, aber nur für solche, die die Eins ein- oder mehrmals teilten.

5. Griechische Mathematik
Etwa 600 v. Chr. entwickelten die Griechen die Art von Mathematik, die wir heute kennen. Neu war vor allem, dass sie sich nicht nur Gedanken über Zahlen und Formen machten, sondern ihre Ideen auch bewiesen. Viele der mathematischen Gesetze, die die Griechen fanden, haben bis heute Bestand. So verwenden wir bis heute Euklids Ideen zu Formen in der Geometrie und den Satz des Pythagoras zur Berechnung von Dreiecken.

2. Von Zählhilfen zu Zahlen

Vor rund 10 000 Jahren wurden im Nahen Osten erstmals Zahlen geschrieben. Die Menschen benutzten damals tönerne Zählhilfen: acht ovale Tonperlen bedeuteten z. B. acht Krüge Öl. Anfangs wickelten die Menschen die Zählhilfen in Bilder, damit sie wussten, wofür die Zählhilfen standen. Dann fiel ihnen auf, dass die Bilder allein auch genügten. Das Bild für acht Krüge wurde also zur Zahl 8.

3. Das babylonische Zahlensystem

Das Stellenwertsystem (siehe S. 31) wurde vor rund 5000 Jahren von den Babyloniern erfunden. Stellenwert bedeutet, dass die Stelle, an der eine Zahl steht, ihren Wert bestimmt. Daher ist 2200 größer als 2020. Unser Dezimalsystem basiert auf der 10 und verwendet die Ziffern 0–9 erst einstellig, dann zweistellig und so weiter. Das babylonische Zahlensystem basierte auf der 60 und wurde in Keilschrift notiert.

Die Ägypter verwendeten Fußsymbole für Addition und Subtraktion. Beim Addieren stellten sie sich einen Menschen vor, der entlang einer Zahlenreihe nach rechts ging, bei der Subtraktion ging er nach links.

6. Neue Mathematik

Allmählich breiteten sich die Ideen der Griechen immer weiter aus und so entstand im Nahen und Mittleren Osten sowie in Indien eine neue Mathematik. 1202 stellte der italienische Mathematiker Leonardo da Pisa, auch Fibonacci genannt, in seinem Rechenbuch (*Liber abbaci*) die Zahlen und das Wissen aus dem Osten in Europa vor. Daher verwenden wir heute noch indisch-arabische Ziffern, die allgemein auch arabische Zahlen genannt werden.

PROBIER'S AUS

Ping-Pong!

Dies ist ein Zählspiel, das lustiger wird, je mehr deiner Freunde mitmachen. Ihr zählt dabei reihum von eins aufwärts. Nur wenn ihr an eine Zahl kommt, die ein Vielfaches von drei ist, sagt ihr „Ping" und bei Vielfachen von fünf sagt ihr „Pong". Ist eine Zahl sowohl durch drei als auch durch fünf teilbar (wie etwa die 30), müsst ihr „Ping-Pong" sagen. Wer sich irrt, scheidet aus, wer zuletzt übrig bleibt, gewinnt.

WISSENSWERTES

ZAHLEN-SYSTEME

Die Zahlen, die wir heute verwenden, haben sich über viele Jahrhunderte aus früheren Zahlensystemen entwickelt. Das früheste heute bekannte System wurde vor 5000 Jahren im antiken Babylon (im heutigen Irak) erfunden.

Zahlentabellen

Antike Zahlensysteme arbeiteten fast alle nach dem gleichen Schema: Man erfand ein Zeichen für „eins", das bei kleinen Zahlen mehrfach wiederholt wurde. Für höhere Zahlen, meist ab zehn, gab es andere Symbole. Auch sie wurden dann mehrfach aufgeschrieben.

	1	2	3	4	5	6	7	8	9	10
Babylonier	𒐕	𒐖	𒐗	𒐘	𒐙	𒐚	𒐛	𒐜	𒐝	𒌋
Alte Ägypter	I	II	III	IIII	IIIII	IIIIII	IIIIIII	IIIIIIII	IIIIIIIII	∩
Alte Griechen	Α	Β	Γ	Δ	Ε	Ϛ	Ζ	Η	Θ	Ι
Römer	I	II	III	IV	V	VI	VII	VIII	IX	X
Chinesen	一	二	三	四	五	六	七	八	九	十
Maya	•	••	•••	••••	―	•	••	•••	••••	═

Intelligente Wesen mit acht Tentakeln hätten bestimmt ein Zahlensystem auf der Basis von acht.

Die Babylonier zählten an den Fingergliedern einer Hand bis zwölf.

60 als Basis

Das babylonische System basierte auf der 60. Das Jahr hatte 360 Tage (6 · 60). Wir wissen nicht genau, ob und wie die Babylonier mit den Händen zählten. Eine Theorie ist, dass sie an den Fingergliedern einer Hand bis zwölf zählten und mit den Fingern der anderen Hand in Zwölferschritten bis 60.

Mit der anderen Hand zählten sie in Zwölferschritten bis 60.

In Zehnerschritten

Die meisten Leute nehmen beim Zählen die Hände zur Hilfe. Da wir zehn Finger haben, verwenden wir zehn Ziffern (0–9), auch Zahlzeichen genannt. Dieses Zahlensystem heißt nach dem lateinischen Wort *decem* für „zehn" auch Dezimalsystem.

Bauen nach Zahlen

Die alten Ägypter nutzten ihre mathematischen Fähigkeiten beim Bauen. So konnten sie beispielsweise das Volumen einer Pyramide genau berechnen. Die Steine, die zum Bau der Pyramiden von Giseh verwendet wurden, sind so exakt bemessen, dass nicht einmal eine Kreditkarte zwischen sie passt.

Ohne Zahlen

Stell dir einmal eine Welt ohne Zahlen vor. Es gäbe …

- kein Datum – und damit keine Geburtstage.
- kein Geld – man könnte nichts kaufen oder verkaufen.
- keine Punkte beim Sport – er wäre entweder langweilig oder das reinste Chaos.
- keine Möglichkeit, Entfernungen zu messen – man müsste einfach laufen, bis man ankommt.
- keine Maße für Höhe oder Winkel – die Häuser wären krumm und schief.
- keine Wissenschaft – keine Erfindungen, keine Technik und auch keine Telefonnummern.

Ein wenig verwirrend

Die alten Griechen verwendeten für Zahlen und Buchstaben dieselben Symbole. Ein β stand also für eine 2 – oder auch für ein B!

- Alpha und 1
- Beta und 2
- Gamma und 3
- Delta und 4
- Epsilon und 5
- Digamma und 6
- Zeta und 7
- Eta und 8
- Theta und 9
- Iota und 10

Elektronisches Zahlensystem

Computer nutzen ein System aus zwei Ziffern, das sogenannte Dual- oder Binärsystem, weil sie aus Schaltern mit nur zwei Positionen bestehen: ein (1) oder aus (0).

Römische Zahlen

Im römischen Zahlensystem wird eine Zahl, die vor einer größeren Zahl steht, von dieser abgezogen. Die Vier wird IV geschrieben, also „1 weniger als 5". Das kann aber kompliziert werden, denn 199 in römischen Zahlen sieht so aus: CXCIX.

DIE GROSSE NULL

Obwohl sie nicht sonderlich interessant klingt, ist die Null wahrscheinlich die wichtigste aller Zahlen. Sie wurde zuletzt entdeckt (es ist ja auch schwer, mit den Fingern bis null zu zählen). Selbst nach ihrer Entdeckung verstand man sie zunächst nicht richtig. Sie diente erst als Platzhalter, wurde dann aber zur vollwertigen Zahl.

Was heißt „null"?
Meist ist null gleichbedeutend mit „nichts" – aber nicht immer! Die Null kann auch wertvoll sein. Sie spielt beim Rechnen wie im Alltag eine wichtige Rolle. Temperatur, Zeit und Fußballergebnisse können einen Wert von null haben – ohne die Null wäre das Leben viel verwirrender!

Ist die Null eine Zahl?

Ja, aber sie ist weder gerade noch ungerade.

Jede Zahl mal null ergibt immer null.

Eine Zahl minus sie selbst ist null.

Null ist weder positiv noch negativ.

Und man kann Zahlen nicht durch null teilen.

Lückenbüßer
Schon vor über 5000 Jahren wurde im antiken Babylon eine frühe Version der Null erfunden. Sie sah wie das Piktogramm rechts aus und erfüllte eine der Rollen, die unsere Null heute hat: Sie füllte eine Lücke zwischen den Zahlen. Ohne die Null würden die Zahlen 12, 102 und 120 gleich geschrieben. Die anderen wichtigen Funktionen, die unsere Null heute hat, erfüllte das babylonische Zeichen aber nicht.

Brahmagupta
Indische Mathematiker waren die Ersten, die die Null als echte Zahl benutzten statt nur als Leerzeichen. Etwa 650 v. Chr. fand der Inder Brahmagupta heraus, wie sich die Null in Berechnungen verhält. Damit brachte er die Mathematik um einen großen Schritt voran, wenn auch nicht all seine Lösungen richtig waren.

Pythagoras

Pythagoras ist ein sehr berühmter Mathematiker der Antike. Am besten bekannt ist er für seinen Lehrsatz über rechtwinklige Dreiecke. Er interessierte sich für die Welt, die ihn umgab, und lernte viel auf seinen Reisen. In Ägypten studierte er Musik. Wahrscheinlich hat er als Erster eine Notenskala erfunden.

Frühe Reisen
Pythagoras wurde etwa 570 v. Chr. auf der griechischen Insel Samos geboren und unternahm Studienreisen nach Ägypten und Babylon (heute Irak) und vielleicht sogar nach Indien. Mit über 40 Jahren ließ er sich schließlich in der Stadt Kroton (heute Crotone) in Italien nieder, das damals unter griechischer Herrschaft stand.

Die Schule des Pythagoras bestand aus einem inneren Kreis von Mathematikern und einer größeren Gruppe, die ihnen zuhörte. Nach einigen Berichten zog sich Pythagoras zum Arbeiten gern in eine stille Höhle zurück.

Für Pythagoras waren ungerade Zahlen männlich und gerade Zahlen weiblich.

Für Pythagoras war die Zehn die vollkommene Zahl, um Formen zu bilden. Solche Dreiecke aus zehn Punkten werden Tetraktys genannt.

Seltsame Gesellschaft
In Kroton gründete Pythagoras eine Schule für Mathematik, die auch Religion und Mystizismus lehrte. Die Mitglieder der Schule, die Pythagoreer genannt werden, hatten teils seltsame Regeln, wie: „Lass keine Schwalben unter dem Dach nisten", „Setze dich nicht auf ein Viertellitermaß", oder: „Iss keine Bohnen." Sie mischten sich in die Politik ein, was den Herrschenden von Kroton nicht gefiel. Als man ihre Versammlungsorte niederbrannte, flohen Pythagoras und viele seiner Anhänger.

Der Satz des Pythagoras
Dank dieses Lehrsatzes ist uns der Name Pythagoras bis heute bekannt. Der Satz besagt, dass in einem rechtwinkligen Dreieck das Quadrat der Hypotenuse (der längsten Seite, gegenüber dem rechten Winkel) gleich der Summe der Quadrate der anderen beiden Seiten (Katheten) ist. Als mathematische Formel schreibt man dies so: $a^2 + b^2 = c^2$

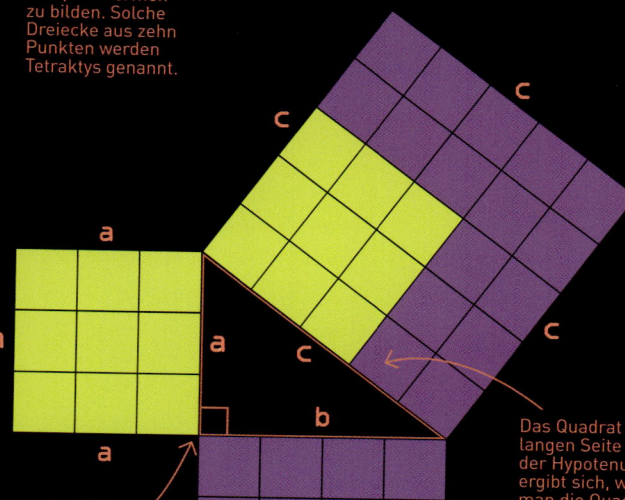

Der rechte Winkel des Dreiecks liegt gegenüber seiner längsten Seite, der Hypotenuse.

Das Quadrat der langen Seite (c), der Hypotenuse, ergibt sich, wenn man die Quadrate der beiden anderen Seiten (a und b) addiert.

Gefährliche Zahlen

Pythagoras glaubte, dass alle Zahlen rational seien – dass sie sich also als Bruch zweier ganzer Zahlen darstellen ließen. So lässt sich 5 als $^5/_1$ schreiben oder 1,5 als $^3/_2$. Aber Hippasos, einer seiner besten Schüler, erkannte, dass sich die Quadratwurzel von 2 nicht als Bruch darstellen ließ und damit eine irrationale Zahl war. Einigen Berichten zufolge konnte Pythagoras dies nicht akzeptieren und beging Selbstmord. Laut anderen Gerüchten ist Hippasos nach dem „Verrat" an Pythagoras bei einem Schiffbruch ertrunken.

Pythagoras entdeckte, dass Becher, die er in einfachen Verhältnissen zueinander mit Wasser füllte, harmonische Töne erzeugten.

Mathematik und Musik

Pythagoras zeigte, dass Noten, die zusammen harmonisch (für das Ohr angenehm) klingen, mathematischen Regeln gehorchen. Wenn man beispielsweise zwei Saiten zupft, von denen eine doppelt so lang ist wie die andere – sie haben also ein Verhältnis von 2:1 –, entsteht eine Harmonie.

Pythagoras erkannte als einer der Ersten, dass die Erde eine Kugel sein könnte.

Pythagoras glaubte, die Erde sei der Mittelpunkt einer Reihe von Sphären, die bei ihrer Drehung einen harmonischen Klang erzeugen.

Numerisches Vermächtnis

Die Pythagoreer glaubten, es gäbe nur fünf regelmäßige Polyeder (Körper mit identischen Flächen) mit jeweils einer bestimmten Zahl von Flächen. Sie sind hier abgebildet. Dies war in ihren Augen der Beweis für ihre Theorie, dass Zahlen alles erklären. Diese Theorie gilt heute noch, denn die Wissenschaft erklärt die Welt weiterhin mithilfe der Mathematik.

Tetraeder
4 dreieckige Flächen

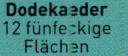

Würfel (Kubus)
6 quadratische Flächen

Oktaeder
8 dreieckige Flächen

Dodekaeder
12 fünfeckige Flächen

Ikosaeder
20 dreieckige Flächen

KNIFFLIGE RÄTSEL

RAUS AUS DER SCHUBLADE

Manche Probleme lassen sich nicht Schritt für Schritt durchdenken, sondern nur auf ganz andere Weise lösen – manchmal kann man die Lösung sogar einfach „sehen". Diese intuitive Herangehensweise zählt zu den am schwersten erklärbaren Arbeitsweisen unseres Gehirns. Manchmal wird die Lösung offensichtlich, wenn man ein Problem auf ungewöhnliche Weise angeht. Man nennt das Querdenken oder laterales Denken.

1. Platzwechsel
Du läufst ein Rennen und überholst die Person, die an 2. Stelle liegt. Auf welcher Position liegst du nun?

2. Peng!
Wie kannst du 10 Nadeln in einen Ballon stecken, ohne dass er platzt?

3. Wie stehen die Chancen?
Du triffst eine Mutter mit zwei Kindern. Sie erzählt dir, dass eines der Kinder ein Junge sei. Wie hoch ist die Wahrscheinlichkeit, dass das andere auch ein Junge ist?

4. Familienbande
Eine Mutter und ein Vater haben zwei Töchter, die am selben Tag im selben Monat im selben Jahr geboren wurden, aber keine Zwillinge sind. Wie sind sie verwandt?

5. In Geldfragen
Du hast zwei identische Geldbeutel. Der erste ist mit kleinen Münzen gefüllt. Im zweiten sind Münzen von doppelter Größe und doppeltem Wert. In welchem der Beutel ist mehr Geld?

6. Wie viele?
Wenn 10 Kinder 10 Bananen in 10 Minuten essen können, wie viele Kinder braucht man, um 100 Bananen in 100 Minuten zu essen?

7. Links oder rechts?
Ein Handschuh für die linke Hand kann im Spiegel in einen Handschuh für rechts verwandelt werden. Kannst du eine zweite Möglichkeit finden?

8. Der einsame Mann
Es war einmal ein Mann, der nie das Haus verließ. Nur alle zwei Wochen brachte ihm ein Bote die Einkäufe vorbei. In einer dunklen, stürmischen Nacht war er nicht ganz bei Sinnen, machte alle Lichter aus und ging schlafen. Am nächsten Morgen stellte sich heraus, dass er dadurch den Tod mehrerer Menschen verursacht hatte. Warum?

9. Ein guter Schnitt
Ein Friseur aus New York sagte, er würde lieber drei Kanadiern die Haare schneiden als einem New Yorker. Warum sagt er das wohl?

10. Die Hälfte ist voll
Von den unten gezeigten Gläsern sind drei mit Orangensaft gefüllt, die anderen sind leer. Kannst du durch Anfassen nur eines Glases erreichen, dass die vollen und die leeren Gläser sich abwechseln?

11. Verwirrend
Ein Mann kauft bei amerikanischen Bauern Reis zu je 1 Dollar pro Kilogramm, verkauft ihn dann in Indien zu 0,05 Dollar pro Kilogramm und wird damit zum Millionär. Wie geht das?

12. Wer war's?
Nach einem anonymen Anruf stürmt die Polizei ein Haus, um einen Mordverdächtigen festzunehmen. Sie wissen nicht, wie er aussieht, nur dass er Hans heißt und im Haus ist. Sie finden einen Tischler, einen Lkw-Fahrer, einen Mechaniker und einen Mann von der Feuerwehr, die gemeinsam Poker spielen. Ohne zu zögern nehmen sie den Mann von der Feuerwehr fest. Woher wissen sie, dass er der Richtige ist?

13. Klirrende Kälte!
Du bist in einer Hütte in tief verschneiten Bergen gefangen, die Nacht bricht herein und die Temperaturen sinken. Du hast eine Streichholzschachtel mit einem Streichholz und findest die unten aufgelisteten Dinge in der Hütte. Was zündest du zuerst an?

- eine Kerze
- eine Gaslampe
- ein Windlicht
- einen Kamin mit Holzscheiten und Anzündern
- eine Signalleuchte, die Bergrettern den Weg weist

14. Rums!
Ein Flugzeug startet in London Richtung Japan. Nach ein paar Stunden geht ein Motor kaputt und die Maschine stürzt an der Grenze der Schweiz zu Italien ab. Wo werden die Überlebenden begraben?

15. Herbstlaub
Einige Kinder kehren auf der Straße Laub zusammen. Vor einem Haus sammeln sie 7 Laubhaufen, vor dem zweiten 4 und vor dem dritten 5. Wenn sie alle Haufen zusammentun, wie viele Haufen haben die Kinder dann?

16. Zu Hause
Ein Mann hat ein rechteckiges Haus, dessen vier Seiten alle nach Süden gehen. Eines Morgens sieht er vor dem Fenster einen Bären. Welche Farbe hat der Bär?

ZAHLEN-MUSTER

Im antiken Griechenland, vor Tausenden von Jahren, stellte man sich Zahlen als Formen vor. Vielleicht lag es daran, dass man aus einer bestimmten Zahl von Gegenständen jeweils bestimmte Formen bilden kann. Aber auch Zahlenfolgen können ein Muster haben.

Quadratzahlen
Wenn eine Anzahl von Gegenständen lückenlos zu einem Quadrat gelegt werden kann, spricht man von einer Quadratzahl. Man kann Zahlen aber auch „zum Quadrat" rechnen, was so viel bedeutet, wie sie mit sich selbst zu multiplizieren: $1 \cdot 1 = 1$, $2 \cdot 2 = 4$, $3 \cdot 3 = 9$ und so weiter.

16 Würfel lassen sich zu einem Quadrat von 4 × 4 Würfeln gruppieren.

$1^2 = 1$
$11^2 = 121$
$111^2 = 12321$
$1111^2 = 1234321$
$11111^2 = 123454321$
$111111^2 = 12345654321$

Pure Magie
Wenn man Zahlen, die nur aus Einsen bestehen, zum Quadrat rechnet, tauchen im Ergebnis – wie durch Zauberei – alle anderen Zahlen auf, und die Ergebnisse sind seltsamerweise von vorn und von hinten gelesen auch noch immer gleich.

Schon seltsam
Die ersten fünf Quadratzahlen sind 1, 4, 9, 16 und 25. Rechne die Differenz zwischen den nebeneinanderliegenden Zahlen der Reihe aus (die Differenz zwischen 1 und 4 ist 3) und schreibe sie auf. Fällt dir etwas auf? Erkennst du ein Muster?

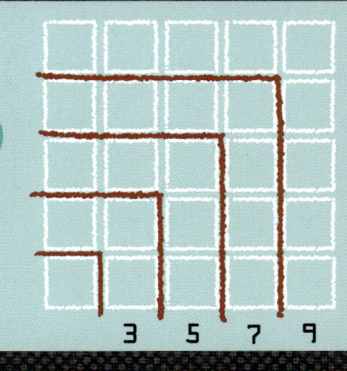

Dreieckszahlen

Legt man aus Steinen ein gleichseitiges Dreieck (eines mit drei gleich langen Seiten), ergibt ihre Anzahl eine Dreieckszahl. Du kannst Dreieckszahlen aber auch errechnen, indem du aufeinanderfolgende Zahlen addierst: 0 + 1 = 1, 0 + 1 + 2 = 3, 0 + 1 + 2 + 3 = 6 und so weiter. Im alten Griechenland waren viele Mathematiker von Dreieckszahlen fasziniert. Heute verwenden wir sie meist nur, um ihr Muster zu bewundern!

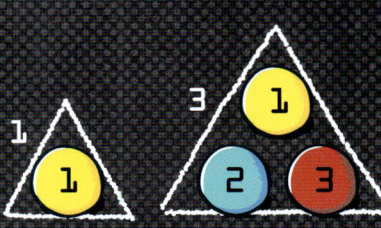

Kubikzahlen

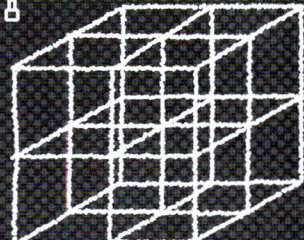

Kann man aus einer Anzahl von Gegenständen, wie z. B. Bausteinen, einen Würfel (Kubus) zusammensetzen, dann spricht man von einer Kubikzahl. Sie entsteht, wenn man eine natürliche Zahl zweimal mit sich selbst multipliziert, wie z. B. 2 · 2 · 2 = 8.

PROBIER'S AUS

Ausbruchsversuch

Im Gefängnis ist Schlafenszeit. Hier sitzen 50 Gefangene in 50 Zellen. Ein Wächter, der nicht gemerkt hat, dass die Zellen verschlossen sind, dreht den Schlüssel bei allen Zellen einmal um, sodass die Türen offen sind. Zehn Minuten später dreht ein zweiter Wächter den Schlüssel der Zellen 2, 4, 6 usw. um. Der dritte Wächter dreht den Schlüssel der Zellen 3, 6, 9 um usw., bis 50 Wächter an den Zellen vorüber sind. Wie viele Gefangene können fliehen? Suche ein Muster, das dir bei der Lösung hilft.

Hände schütteln

Drei Freunde treffen sich und jeder gibt jedem die Hand. Wie oft werden insgesamt Hände geschüttelt? Zeichne am besten eine Skizze mit einem Punkt für jede Person und einem Strich für jeden Handschlag. Nun rechne aus, wie das bei Gruppen von vier, fünf oder sechs Leuten aussieht. Erkennst du ein Muster?

Eine perfekte Lösung?

Die 6 lässt sich durch 1, 2, 3 und 6 dividieren. Diese Zahlen nennt man ihre Faktoren. Eine perfekte Zahl ist gleich der Summe ihrer Faktoren (ohne die Zahl selbst). 1 + 2 + 3 = 6. Die 6 ist also eine perfekte Zahl. Kannst du die nächste perfekte Zahl errechnen?

TIPPS UND TRICKS

RECHENTIPPS

Mathematiker nutzen gern Tricks und Eselsbrücken, um schnell zum Ergebnis zu kommen. Die meisten sind einfach, erleichtern das Rechnen und du kannst damit Lehrer und Freunde beeindrucken.

Um 9 · 9 zu rechnen, krümmst du den neunten Finger.

Tipps zum Multiplizieren
Das Einmaleins solltest du unbedingt beherrschen. Wenn du trotzdem auf dem Schlauch stehst, hilft:

• Um schnell mal 4 zu nehmen, verdopple die Zahl einfach und dann verdopple sie noch einmal.

• Wenn du eine Zahl mal 5 nehmen musst, halbiere die Zahl einfach und multipliziere sie mit 10. Ein Beispiel: Bei 24 · 5 würdest du 24 : 2 = 12 rechnen und dann 12 · 10 = 120.

• Wenn du eine Zahl mit 11 multiplizieren sollst, multipliziere sie einfach mit 10 und addiere sie am Ende noch einmal dazu.

• Wenn du große Zahlen multiplizieren musst, halbiere die gerade Zahl und verdopple die andere. Ist die geteilte Zahl weiterhin gerade, wiederhole dies. Beispiel: 32 · 125 ist gleich 16 · 250 ist gleich 8 · 500 ist gleich 4 · 1000. Alle ergeben 4000.

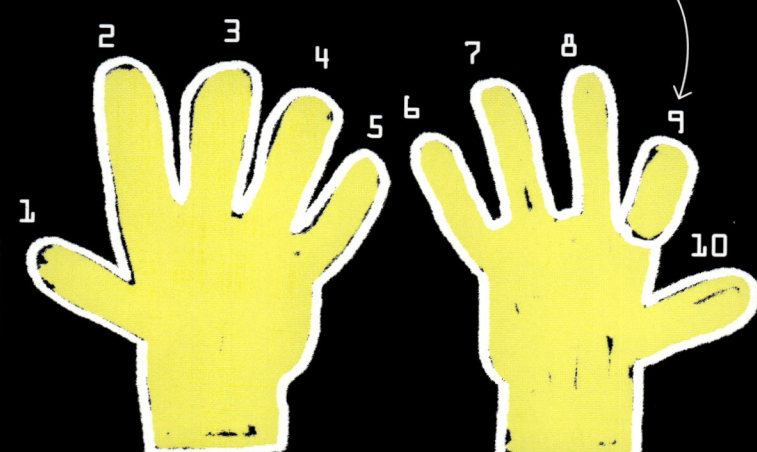

Mit den Fingern mal 9 nehmen
Mit diesem Trick sind Multiplikationen mit 9 ganz einfach.

Schritt 1
Halte deine Hände vor dir hoch. Finde heraus, welche Zahl du mit 9 multiplizieren musst, und mache den entsprechenden Finger krumm. Wenn du 9 · 9 rechnen sollst, knicke den neunten Finger ein.

Schritt 2
Nun kombiniere die Anzahl der Finger links des geknickten Fingers (kombinieren, nicht addieren!) mit der Zahl der Finger rechts davon. Bei 9 · 9 stehen links des neunten Fingers noch 8 und rechts davon noch 1 Finger. Wenn du sie hintereinander aufschreibst, ergibt dies 81 – und 9 · 9 = 81.

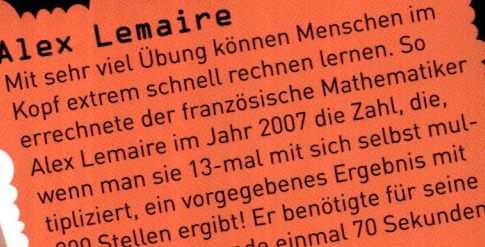

Alex Lemaire
Mit sehr viel Übung können Menschen im Kopf extrem schnell rechnen lernen. So errechnete der französische Mathematiker Alex Lemaire im Jahr 2007 die Zahl, die, wenn man sie 13-mal mit sich selbst multipliziert, ein vorgegebenes Ergebnis mit 200 Stellen ergibt! Er benötigte für seine Berechnung gerade einmal 70 Sekunden.

Tipps zum Dividieren

Auch für das schnelle Teilen gibt es viele praktische Tipps:

• Um herauszufinden, ob eine Zahl durch 3 teilbar ist, addiert man ihre Ziffern. Ist ihre Summe durch 3 teilbar, ist auch die Zahl durch 3 teilbar. So muss 5394 durch 3 teilbar sein, denn 5 + 3 + 9 + 4 = 21 und 21 ist durch 3 teilbar.

• Eine Zahl ist durch 6 teilbar, wenn sie durch 3 teilbar ist und mit einer geraden Ziffer endet.

• Eine Zahl ist durch 9 teilbar, wenn die Summe der Ziffern durch 9 teilbar ist. So ist 201915 durch 9 teilbar, da 2 + 0 + 1 + 9 + 1 + 5 = 18 ergibt und 18 durch 9 teilbar ist.

• Um herauszufinden, ob eine Zahl durch 11 teilbar ist, beginne mit der linken Ziffer, ziehe die zweite von ihr ab, addiere die dritte zum Ergebnis dazu, ziehe die nächste wieder ab und so weiter. Ist das Ergebnis 0 oder 11, ist die Zahl durch 11 teilbar. So ist 35706 durch 11 teilbar, denn 3 − 5 + 7 − 0 + 6 = 11.

Kinder in Asien addieren mit einem Abakus (einem Rahmen mit Stangen und Perlen) schneller als mit dem Taschenrechner.

Wie viel sind 15%?

Wenn du dem Kellner im Restaurant 15 % Trinkgeld geben willst, kannst du das ganz schnell ausrechnen: Rechne zuerst 10 % aus (geteilt durch 10) und addiere dann die Hälfte noch einmal dazu.

10 % von 35€ = 3,50€
3,50€ : 2 = 1,75€
3,50€ + 1,75€ = 5,25€

Schnell zum Quadrat

Für die Quadratzahl einer zweistelligen Zahl, die auf 5 endet, multipliziere die erste Ziffer mit sich selbst plus 1 und dann hänge 25 an. Die Quadratzahl von 15 ist also: 1 · (1 + 1) = 2, und dann 25 angehängt, ergibt 225. Hier folgt 25 zum Quadrat:

2 · (2+1) = 6
6 und 25 = 625

Gegen die Uhr

Hier kannst du testen, wie schnell du Kopfrechnen kannst. Am meisten Spaß macht es, wenn du es mit ein paar Freunden ausprobierst.

Schritt 1

Einer wählt zunächst zwei der Zahlen 25, 50, 75 oder 100 aus. Dann wählt ein anderer vier Zahlen zwischen 1 und 10. Ein Dritter wählt eine Zahl zwischen 100 und 999. Schreibt diese letzte, hohe Zahl rechts neben die sechs kleineren Zahlen.

Schritt 2

Jetzt habt ihr zwei Minuten Zeit, um mit den Zahlen links durch Addition, Subtraktion, Multiplikation oder Division (die ihr je nur einmal verwenden dürft) der Zahl rechts so nah wie möglich zu kommen. Wer am nächsten herankommt, hat gewonnen.

Archimedes sagte einst: „Gib mit einen ausreichend langen Hebel ... und ich werde die Welt aus den Angeln heben."

Archimedes

Archimedes war wahrscheinlich der größte Mathematiker der Antike. Außerdem war er ein sehr praktischer Mensch, der seine mathematischen Fähigkeiten einsetzte, um alle möglichen Dinge zu bauen, darunter auch erstaunliche Kriegsmaschinen.

Als Archimedes in Ägypten war, saß er wahrscheinlich in der Bibliothek von Alexandria, der größten Bibliothek der antiken Welt, und studierte die Bücher dort.

Als er erkannte, wie er das Volumen der Krone ermitteln konnte, sprang Archimedes nackt aus dem Bad, lief auf die Straße und rief: „Heureka!" (Ich habe es gefunden!).

Frühe Jahre

Archimedes wurde 287 v. Chr. in Syrakus auf Sizilien geboren. Als junger Mann reiste er nach Ägypten, wo er mit Mathematikern arbeitete. Nach einer Überlieferung soll Archimedes bei seiner Heimkehr nach Syrakus erfahren haben, dass die ägyptischen Mathematiker einige seiner Entdeckungen als ihre eigenen ausgaben. Um sie zu überführen, schickte er ihnen ein paar Berechnungen mit Fehlern. Die Ägypter gaben auch diese als ihre eigene Leistung aus, flogen aber auf, als die Fehler entdeckt wurden.

Heureka!

Archimedes sollte prüfen, ob die Krone des Königs aus reinem Gold sei. Dafür musste er ihr Volumen messen, aber wie? Als er eines Tages in eine volle Badewanne stieg, erkannte er, dass das übergelaufene Wasser dem Volumen seines Körpers entsprach und er so auch die Krone messen konnte – seine berühmteste Entdeckung!

Geniale Erfindungen

Archimedes soll das erste Planetarium der Welt erbaut haben – eine Maschine, die die Bewegungen von Sonne, Mond und Planeten darstellt. Die archimedische Schraube ist hingegen nicht seine Erfindung, obwohl sie seinen Namen trägt. Er hat diese Art von Pumpe wahrscheinlich in Ägypten gesehen und die Idee mitgebracht.

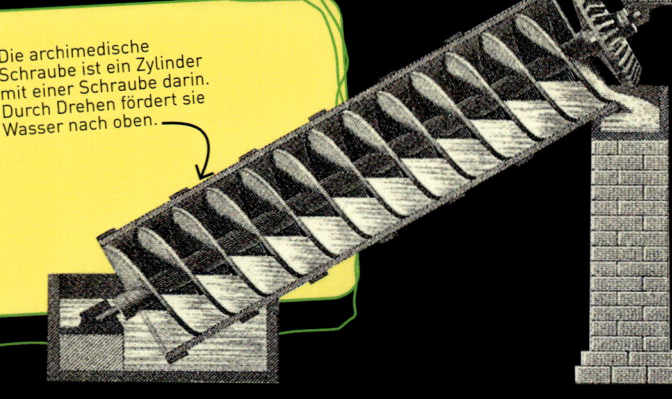

Die archimedische Schraube ist ein Zylinder mit einer Schraube darin. Durch Drehen fördert sie Wasser nach oben.

Groß denken

Archimedes wollte auch herausfinden, wie viele Sandkörner das Universum füllen würden. Im Griechenland der Antike wusste man wenig über das Universum, daher ist sein Ergebnis falsch. Aber bei seinen Berechnungen fand Archimedes immerhin eine Möglichkeit, große Zahlen zu schreiben, was hilfreich ist. Das Volumen der Erde beträgt beispielsweise 1 000 000 000 000 00 0 000 000 000 cm³. Das ist eine 1 mit 24 Nullen. Wissenschaftler schreiben dies nach Archimedes als $1 \cdot 10^{24}$, was einfacher ist. Man nennt dies die wissenschaftliche Notation (siehe S. 43).

Archimedes erfand eine frühe Form der Infinitesimalrechnung – 2000 Jahre bevor andere Wissenschaftler sie entwickelten.

Mathematik in Aktion

In Syrakus behauptete Archimedes, er könne ein voll beladenes Schiff allein durch den Hafen bewegen. Es gelang ihm mithilfe eines Flaschenzugs, der die Kraft, die er aufwendete, enorm verstärkte. Auch heute noch werden Flaschenzüge genutzt. Der Trick ist, dass sie eine kleine Kraft, die über eine große Entfernung wirkt, in eine große Kraft verwandeln, die auf kurze Distanz wirkt.

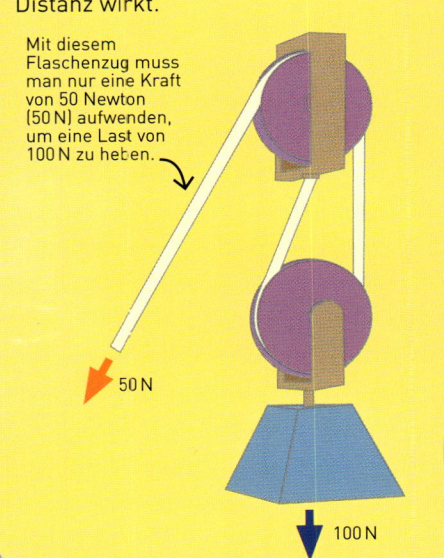

Mit diesem Flaschenzug muss man nur eine Kraft von 50 Newton (50 N) aufwenden, um eine Last von 100 N zu heben.

Archimedes starb bei der Besetzung Syrakus' durch die Römer. Seine letzten Worte waren angeblich: „Störe meine Kreise nicht."

Archimedes im Krieg

Archimedes war ein alter Mann, als Syrakus von den Römern angegriffen wurde. Er half bei der Verteidigung seiner Stadt, indem er Kriegsmaschinen baute. Eine war ein großer Greifarm, der Schiffe versenkte, eine andere ein Spiegel, der ihre Segel mithilfe der Sonne in Brand setzte. Dennoch siegten die Römer. Der Legende nach starb Archimedes im Jahr 212 v. Chr., weil er sich beim Zeichnen seiner geometrischen Kreise nicht stören lassen wollte, was einen römischen Soldaten so erzürnte, dass er ihn tötete.

MATHE UND MESSEN

Im Alltag benutzen wir ständig Maße und Maßeinheiten, ob wir nun die Uhr ablesen oder Kleidung einkaufen. Dahinter steckt immer der Gedanke, dass wir mit einem Messgerät ermitteln wollen, wie viele Einheiten (etwa Zentimeter oder Gramm) in einem bestimmten Gegenstand enthalten sind.

Genau nach Maß

Alles, was sich mit Zahlen ausdrücken lässt, kann auch gemessen werden, sei es das Alter des Universums oder die Masse einer Person. Sobald man sich auf Maßeinheiten geeinigt hat, lassen sie sich sehr vielseitig verwenden, z. B. zum Bauen von Autos oder um zu erklären, warum die Sonne scheint. Auch in der Spurensicherung spielen sie eine wichtige Rolle und helfen, Verbrechen aufzuklären.

Taktisches Vorgehen

Spurensicherer nutzen allerhand Maßeinheiten, um sich ein Bild von einem Verbrechen zu machen. Sie notieren, wo die Beweisstücke liegen, und messen Winkel, um herauszufinden, was der Verbrecher getan hat, wie Dinge bewegt wurden und ob Zeugen an ihrem Standort wirklich etwas gesehen haben können.

Standard-Einheiten

Für viele Messungen gibt es mehrere Maßeinheiten. Da es aber wichtig ist, eine feste Grundlage für Umrechnungen zu haben, hat man sich international auf sieben Standard-Maßeinheiten geeinigt. Wird mit unterschiedlichen Einheiten gemessen, können Unfälle passieren. 1999 stürzte z. B. eine Marssonde ab, weil sie in metrischen Einheiten (wie Meter und Kilogramm) programmiert war, aber Anweisungen in Zoll und Pfund erhielt.

Einheit (Zeichen)	Gemessen wird
Meter (m)	Länge
Kilogramm (kg)	Masse
Sekunden (s)	Zeit
Ampere (A)	Elektrische Stromstärke
Kelvin (K)	Thermodynamische Temperatur
Mol (mol)	Stoffmenge
Candela (cd)	Lichtstärke

Identische Abdrücke

Alle Menschen haben verschiedene Fingerabdrücke. Die Polizei kann die Linien und Muster eines Fingerabdrucks am Tatort messen und dann mit den Fingerabdrücken eines Verdächtigen vergleichen.

Unter Druck
Auch unsere Körperfunktionen – wie Herzschlag und Blutdruck – können gemessen werden. Solche Werte werden z. B. von Lügendetektoren gemessen. Da aber ungewöhnliche Aktivität nicht nur durch Lügen ausgelöst wird, gelten sie nicht als beweiskräftig.

Der richtige Winkel
Winkel werden normalerweise in Grad gemessen. Diese Maßeinheit wurde im antiken Babylon (heute Irak) erfunden. Die Astronomen wollten die Position der Sterne am Nachthimmel beschreiben können. Also teilten sie einen Kreis in 360 Stücke und jedes davon wurde ein Grad. Heute messen wir alle Winkel in Grad.

Winzige Spuren
Wo auch immer wir hingehen, hinterlassen wir Spuren wie Haare, Schweiß, Blutstropfen oder die Erde unter unseren Schuhen. Forensische Wissenschaftler können solche winzigen Spuren finden, messen und so eine Person mit einem Verbrechen in Verbindung bringen.

Kleine Maße
1 Mikrometer = 10^{-6} m
1 Nanometer = 10^{-9} m
1 Pikometer = 10^{-12} m
1 Femtometer = 10^{-15} m
1 Yoktometer = 10^{-24} m

Diese vergrößerte Ameise hat einen 10^{-3} m (1 mm) großen Chip zwischen den Mundwerkzeugen.

Wissenschaftliche Notation
Um sehr große oder sehr kleine Mengen zu messen, können wir entweder Bruchteile metrischer Einheiten verwenden (siehe oben) oder Spezialeinheiten (siehe unten). Um lange Ketten von Nullen zu vermeiden, werden große oder kleine Zahlen in der wissenschaftlichen Notation geschrieben, also mithilfe von Zehnerpotenzen. 2 Millionen wird so zu $2 \cdot 10^6$ und 1 Millionstel zu $2 \cdot 10^{-6}$.

Große Maße
Astronomische Einheit = $1,5 \cdot 10^{11}$ m
Lichtjahr = $9,46 \cdot 10^{15}$ m
Parsec = $3,1 \cdot 10^{16}$ m
Kiloparsec = $3,1 \cdot 10^{19}$ m
Megaparsec = $3,1 \cdot 10^{22}$ m

Unsere Galaxie, die Milchstraße, hat einen Durchmesser von 100 000 Lichtjahren oder 10^{21} m.

Wem der Schuh passt
Ein Schuhabdruck verrät mehr als nur die Schuhgröße des Trägers: Richtig vermessen verrät er auch die Größe, das Gewicht und ob die Person gegangen oder gerannt ist. Auch das Muster der Sohle kann verglichen werden.

KNIFFLIGE RÄTSEL

WIE GROSS? WIE WEIT?

In unserer hoch technisierten Welt voller Geräte und Hilfsmittel müssen wir selten etwas selbst herausfinden oder errechnen. Aber es kann sehr befriedigend sein, die Lösung eines Problems selbst zu erarbeiten. Hier findest du ein paar interessante Tipps und Problemstellungen zum Grübeln.

Achte auf den Schatten

Hast du dich je gefragt, wie hoch dein Lieblingsbaum oder euer Haus ist? An einem sonnigen Tag kannst du das mithilfe des Schattens relativ einfach herausfinden. Am besten gelingt das, wenn die Sonne etwa in einem 45°-Winkel am Himmel steht.

Du brauchst:
• einen sonnigen Tag
• ein Bandmaß

Schritt 1
Stelle dich an einem sonnigen Tag mit dem Rücken zur Sonne neben das Objekt, das du vermessen möchtest. Lege dich auf den Boden und markiere deine Größe – vom Scheitel bis zur Sohle.

Schritt 2
Stelle dich auf die Markierung deiner Füße. Nun sieh auf deinen Schatten. Wenn die Sonne im 45°-Winkel steht, entspricht er deiner Körpergröße.

Wenn du nicht auf den Moment warten kannst, in dem dein Schatten so groß ist wie du, berechne das Verhältnis zwischen deiner Größe und der Schattenlänge – ist er z. B. halb so lang wie deine Körpergröße, miss das Objekt und verdopple dieses Maß.

Schritt 3
Nun miss schnell den Schatten des größeren Objekts, denn er entspricht jetzt ebenfalls genau der Höhe.

Die Ägypter maßen kleine Dinge mit den Händen.

Finger: die Breite eines Fingers

Spanne

Handfläche

Zoll: Daumenbreite (gemessen am ersten Daumenglied)

Die Römer maßen weite Entfernungen in Schritten und Fuß.

Fuß

Doppelschritt: die Distanz, die ein Fuß vom Abheben bis zum Aufsetzen zurücklegt

Das hat Hand und Fuß

Stell dir vor, du landest auf einer einsamen Insel und hast nur die Kleider, die du am Leib trägst, und einen Schatz. Du möchtest den Schatz vergraben, damit du die Insel erkunden und mit etwas Glück Hilfe finden kannst. Der lockerste Sand liegt ein wenig von der einzelnen Palme entfernt – wie kannst du die Entfernung zum Schatz messen, damit du ihn wiederfindest? Die Lösung ist dein Körper. Schon die alten Ägypter und Römer benutzten Körperteile zum Messen. Der Haken bei diesem Messsystem ist natürlich, dass alle Menschen unterschiedlich gebaut sind, sodass die Maße nie ganz einheitlich sind.

Wo ist das Gewitter?

Am Horizont siehst du ein Gewitter. Aber wie weit ist es weg und zieht es in deine Richtung oder nicht? So kannst du es herausfinden:

Schritt 1
Achte zuerst darauf, wann es blitzt, und dann, wann es donnert. Zähle die Sekunden, die zwischen dem Aufblitzen des Blitzes und dem Grollen des Donners liegen. Du kannst dabei entweder auf den Sekundenzeiger deiner Uhr sehen oder die Sekunden zählen.

Schritt 2
Wenn du die Zahl der Sekunden durch 3 dividierst, erhältst du die Entfernung in Kilometern. Wenn du also 15 Sekunden gezählt hast, ist das Gewitter noch rund 5 km von deinem Standort entfernt.

> Wenn du beim Zählen der Sekunden ohne Uhr nicht aus dem Takt kommen willst, nimm ein langes Wort und zähle z. B.: „Eins-Mississippi, zwei-Mississippi ...", usw. Andere gute Wörter sind Schimpanse oder Elefant.

Vermessung der Erde

Vor mehr als 2000 Jahren vermaß der griechische Mathematiker Eratosthenes die Erde und kam beinahe auf das exakte Ergebnis. So hat er es gemacht – oder kommst du selbst auf die Lösung?

Schritt 1
Eratosthenes fand in Syene im Süden Ägyptens einen Brunnen, in den das Licht der Sonne am Tag der Sommersonnenwende zur Mittagszeit gerade bis zum Grund fiel und vom Wasser reflektiert wurde. Das musste bedeuten, so erkannte er, dass die Sonne dann genau senkrecht darüberstand.

Die Sonne stand senkrecht über dem Brunnen.

Der Lichtstrahl schien ganz gerade in den Brunnen.

Das Wasser am Grund war wie ein Spiegel und reflektierte den Lichtstrahl zurück.

Schritt 2
Dann bemerkte Eratosthenes, dass die Sonne am Tag der Sommersonnenwende im weiter nördlich gelegenen Alexandria in einem leichten Winkel auf den Boden traf und einen Schatten warf. Er zeichnete ein Dreieck und maß den Winkel. Er betrug 7,2°.

Syene — Alexandria

Schritt 3
Du weißt, dass die Erde rund ist. Stell dir zwei Linien vor: Eine geht senkrecht vom Mittelpunkt der Erde aus, die andere im Winkel von 7,2°. Du weißt, dass ein Kreis 360° hat. Wenn du 360 durch 7,2 teilst, erfährst du, wie oft 7,2° in 360° passen. Und wenn du dann noch weißt, dass die Entfernung von Syene nach Alexandria 800 km beträgt, kannst du den Umfang der Erde selbst ausrechnen.

WISSENSWERTES

WIE GROSS IST DAS PROBLEM?

Es gibt praktisch nichts, das sich nicht messen lässt. Hier ein paar ausgefallene Messskalen – wie Fujita-, Turiner und Olf-Skala –, die dir sagen, wann du weglaufen, dich ducken oder dir die Nase zuhalten solltest!

Aufgepasst!
Die Explosivität von Vulkanen wird auf einer Skala von 1–8 gemessen. Sie richtet sich danach, wie viel Material sie wie hoch auswerfen und wie lange die Eruptionen dauern. 0 steht für nicht explosive Eruptionen, 1 für leichte Eruptionen. Mit jedem Schritt ist die Explosionskraft dann um das Zehnfache höher.

- **0**: nicht explosiv – *Kilauea (andauernd)*
- **1**: klein – *Stromboli (andauernd)*
- **2**: moderat – *Sinabung 2010*
- **3**: moderat bis groß – *Soufrière Hills 1995*
- **4**: groß – *Eyjafjallajökull 2010*
- **5**: sehr groß – *Vesuv 79 n. Chr.*
- **6**: sehr groß – *Krakatoa 1883*
- **7**: sehr groß – *Thera (Santorin) etwa 1600 v. Chr.*
- **8**: sehr groß – *Yellowstone vor 640 000 Jahren*

Weltuntergang?
Asteroiden gibt es nicht nur im Kino – unser Sonnensystem ist voll von ihnen! Astronomen verwenden die Turiner Skala, um die Wahrscheinlichkeit für einen Einschlag und den möglichen Schaden zu messen. Beim Wert 0 ist alles in Ordnung, bei 5 kommt ein Asteroid der Erde bedrohlich nahe und bei 10 ist die Kollision sicher.

Stoppel-Skala?
Eine Bartsekunde ist die Länge, die der Bart eines Mannes durchschnittlich in einer Sekunde wächst: 5 Nanometer (0,000005 mm). Die Bartsekunde wurde von Physikern aus Spaß erfunden.

Pssst!
Geräusche sind schwer zu messen. Die Höhe oder Tiefe eines Tons (seine Frequenz) wird in Hertz (Hz) gemessen, seine Lautstärke in Dezibel (dB). Das leiseste Geräusch, das Menschen noch hören können, ist 0 dB leise, normale Sprache liegt bei 55–65 dB und ein Flugzeugmotor in 30 m Entfernung erreicht 140 dB. Geräusche über 120 dB können das Ohr schädigen.

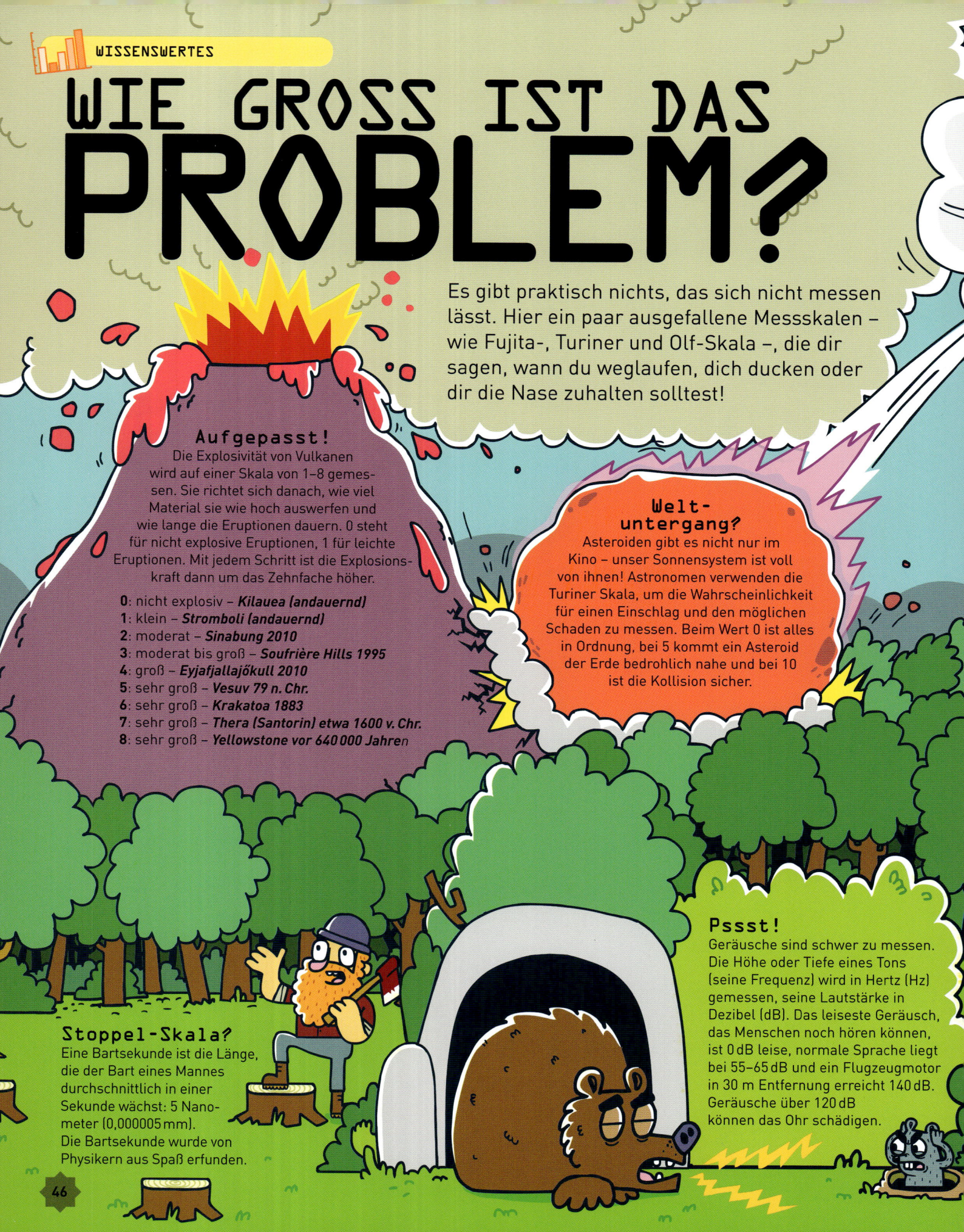

Wirbelstürme
Die Fujita-Skala wird zur Einstufung von Tornados benutzt und basiert auf der Windgeschwindigkeit und dem angerichteten Schaden. Ein F0-Tornado beschädigt z. B. Kamine auf dem Dach, ein F3 hebt Dächer ab und ein F5 kann ganze Häuser umpusten!

F0: 64–116 km/h – **schwache Schäden** (z. B. abgebrochene Äste)
F1: 117–180 km/h – **mäßige Schäden** (z. B. abgetragene Dächer)
F2: 181–253 km/h – **starke Schäden** (z. B. entwurzelte Bäume)
F3: 254–332 km/h – **verheerende Schäden** (z. B. umgeworfene Züge)
F4: 333–418 km/h – **vernichtende Schäden** (z. B. verschobene Häuser)
F5: 419–512 km/h – **katastrophale Schäden** (z. B. zerstörte Häuser und Wälder)

Scheunengroß?
Barn heißt auf Englisch „Scheune". In der Physik bezeichnet diese Maßeinheit aber die Größe eines Uranatoms, ist also winzig!

Pass auf!
Wenn du auf verschneiten Bergen unterwegs bist, solltest du die Gefahrenskala für Lawinen kennen. Die Gefahrenstufen 1–5 sind farblich markiert, etwa wie bei Ampeln. Grün bedeutet geringes Risiko, Gelb und Orange mäßiges bis erhebliches Risiko und bei Rot und Dunkelrot (oder Schwarz) besteht großes bis sehr großes Risiko. Bei 4 und 5 bleibt man besser zu Hause!

Verdammt scharf!
Die Schärfe von Chilischoten wird in Scoville-Einheiten gemessen, die von 0 = mild bis zu 1 Mio. (unerträglich scharf) reichen. Also aufgepasst!

0: Gemüsepaprika
2500: Jalapeño
30 000: Cayennepfeffer
200 000: Habanero
1 000 000: Naga Jolokia

Ein Mund voll
Die offizielle Füllmenge für einen durchschnittlich großen Mund ist 28 ml. Aber wer möchte sein Essen schon so abmessen?

Puuuh!
Selbst den Gestank können Wissenschaftler messen. Sie nutzen dazu die Olf-Skala. Die Bezeichnung kommt vom lateinischen Wort für Geruchssinn, *olfactus*.

1 Olf: sitzende Person
2 Olf: zwölfjähriges Kind
25 Olf: starker Raucher
30 Olf: Sportler nach dem Sport

Pferdestärken
In Pferdestärken (PS) wurde früher die Leistung von Dampfmaschinen und Motoren angegeben. Als die Maschinen die bis dahin genutzten Arbeitspferde ersetzten, war es so einfacher, deren Leistung zu vergleichen. Das Maß wurde lange beibehalten und so sprechen wir bis heute bei Fahrzeugen von PS.

Magische Zahlen

REIHEN ERKENNEN

In der Mathematik geht es immer darum, Muster zu erkennen – in Zahlen, in Formen, in allem. Denn wo ein Muster auftaucht, lässt sich normalerweise etwas Interessantes entdecken, wie etwa eine Struktur – also eine Regel. Zahlenfolgen gehorchen immer einer Regel und der Spaß besteht darin, diese Regel zu finden.

Zahlenfolgen

Man unterscheidet zwei Haupttypen von Folgen: arithmetische und geometrische Folgen. Bei einer arithmetischen Folge ist die Differenz zwischen zwei Zahlen (Folgegliedern) stets gleich groß. Die Folge 1, 2, 3, 4... ist also arithmetisch (die Differenz beträgt immer 1). Bei der geometrischen Folge ist das Verhältnis zwischen den Folgegliedern immer gleich. Die Folge 1, 2, 4, 8, 16... (die Zahlen verdoppeln sich jeweils) ist also geometrisch.

5, 10, 15, 20
In einer arithmetischen Folge sind die Abstände zwischen den Zahlen immer gleich groß.

1, 2, 4, 8, 16
In einer geometrischen Folge werden die Abstände zwischen den Zahlen größer.

PROBIER'S AUS

Nach welchem Muster?
Kannst du das Muster in den Folgen erkennen und herausfinden, welche Zahl als nächste kommt?

A 1, 100, 10 000...

B 3, 7, 11, 15, 19...

C 64, 32, 16...

D 1, 4, 9, 16, 25, 36...

E 11, 9, 12, 8, 13, 7...

F 1, 2, 4, 7, 11, 16...

G 1, 3, 6, 10, 15...

H 2, 6, 12, 20, 30...

Wie geht es weiter?

Ein Muster zu erkennen kann hilfreich sein, denn dadurch kann man oft vorhersehen, wie es weitergehen wird. So sagte der britische Ökonom Thomas Malthus im 19. Jh. voraus, dass der Menschheit irgendwann die Nahrung ausgehen würde. Er stellte fest, dass die produzierte Nahrungsmenge nur in einer arithmetischen Folge zunahm, die Bevölkerung aber in einer geometrischen Folge. Wenn diese Entwicklung so bliebe, würde Nahrung knapp werden.

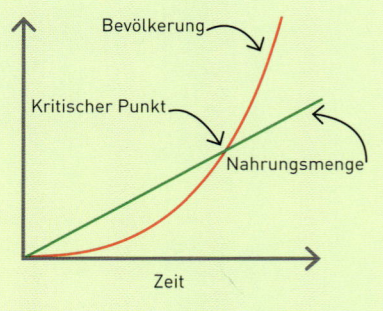

1965 sagte der Computerexperte Gordon E. Moore voraus, dass sich die Rechenleistung von Computern alle zwei Jahre verdoppeln würde. Er behielt recht!

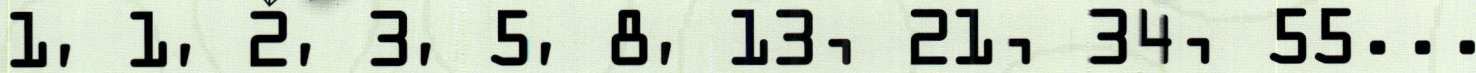

Jede Zahl der Folge ist die Summe der beiden vorhergehenden Zahlen.

1, 1, 2, 3, 5, 8, 13, 21, 34, 55…

Die Fibonacci-Folge
Eine der bekanntesten Zahlenfolgen, die Fibonacci-Folge, ist nach ihrem Erfinder, dem italienischen Mathematiker Leonardo Fibonacci, benannt. Jede Zahl dieser Folge ist die Summe der beiden vorhergehenden Zahlen. Als Muster ist sie überall in der Natur zu finden, besonders bei Pflanzen – z. B. in der Anzahl von Blütenblättern oder der Anordnung von Samen oder Ästen.

Die Zahl der Blütenblätter vieler Blüten entspricht einer Fibonacci-Zahl.

Der griechische Buchstabe Phi φ

Der Goldene Schnitt
Die Fibonacci-Folge ist eng mit der geheimnisvollen Zahl Phi (ungefähr 1,618034) verwandt. Sie wird auch Goldener Schnitt genannt, wobei „Schnitt" hier das Teilungsverhältnis zweier Zahlen bezeichnet. Ein Verhältnis von 2:1 bedeutet z. B., dass die erste Zahl doppelt so groß ist wie die zweite. Teilt man eine Fibonacci-Zahl durch die vorangehende, liegt das Ergebnis immer sehr nahe bei Phi. Viele große Künstler, auch Leonardo da Vinci, glaubten an die Magie des Goldenen Schnitts und schufen ihre Gemälde nach seinen Proportionen.

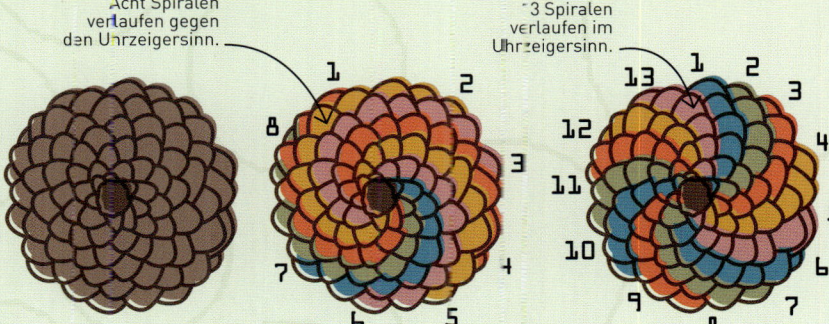

Acht Spiralen verlaufen gegen den Uhrzeigersinn.

13 Spiralen verlaufen im Uhrzeigersinn.

Die Fibonacci-Spirale
Wenn man sich den Aufbau einer Sonnenblume oder eines Fichtenzapfens einmal genau ansieht, kann man zwei verschiedene Spiralen erkennen, die sich entgegengesetzt drehen. Die Anzahl der Spiralen entspricht jeweils einer Fibonacci-Zahl.

🖩 **PROBIER'S AUS**

Mathematische Schönheit
Übe dich einmal in mathematischer Kunst. Erstelle aus einer Reihe von Quadraten jeweils goldene Rechtecke und zeichne mit ihnen eine Goldene Spirale.

Du brauchst:
- Papier
- Bleistift
- Lineal
- Zirkel

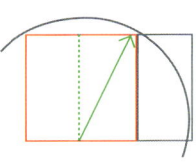

Schritt 1
Zeichne ein kleines Quadrat und markiere die halbe Länge seiner Unterkante mit einem Kreuz. Stecke die Spitze des Zirkels in das Kreuz und lege das Bleistiftende an einer der oberen Ecken an. Dann schlage einen weiten Halbkreis (wie links gezeigt).

Schritt 2
Verlängere die Unterkante des Quadrats bis zum Schnittpunkt mit dem Halbkreis. Dann zeichne die übrigen Linien des Rechtecks ein, wie es links im Bild gezeigt wird.

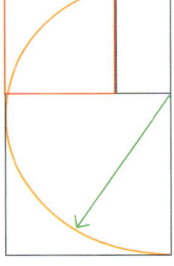

Schritt 3
Nimm nun die Unterkante des Rechtecks als Oberkante eines neuen Quadrats, das du unter das Rechteck zeichnest. Schlage dann mit dem Zirkel einen Viertelkreis zwischen der oberen linken und der unteren rechten Ecke (wie links gezeigt).

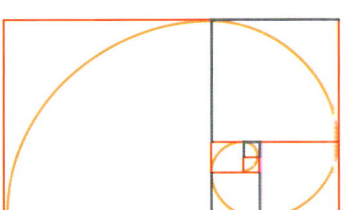

Schritt 4
Setze nach diesem Muster immer größere Quadrate an und zeichne die Viertelkreise ein, dann erhältst du bald eine Goldene Spirale.

51

Schritt 1

Es gibt sechs mögliche Ergebnisse (0×, 1×, 2×, 3×, 4× oder 5× Kopf). Nun sieh dir die sechste Reihe des Dreiecks an: 1, 5, 10, 10, 5, 1.

Schritt 2

Teile jeder Zahl aus der sechsten Reihe eines der möglichen Ergebnisse zu:

0× Kopf = 1
1× Kopf = 5
2× Kopf = 10
3× Kopf = 10
4× Kopf = 5
5× Kopf = 1

Schritt 3

Addiere alle Zahlen der Reihe:
1 + 5 + 10 + 10 + 5 + 1 = 32

Schritt 4

Um herauszufinden, wie wahrscheinlich es ist, dass alle Münzen auf Kopf landen, nimm die Zahl neben „5× Kopf" (die 1) und stelle sie der 32 gegenüber. Dass 5× Kopf fällt, hat also eine Wahrscheinlichkeit von 1:32 (1 zu 32). Bei 32 Würfen landen die fünf Münzen wahrscheinlich nur 1× alle auf Kopf.

Wahrscheinlichkeit

Man kann berechnen, wie wahrscheinlich ein Ereignis ist (siehe S. 100–101). Pascal rechnete z.B. anhand seines Dreiecks aus, wie wahrscheinlich es ist, dass fünf gleichzeitig geworfene Münzen alle mit der Kopfseite nach oben landen.

Blaise Pascal

Blaise Pascal (1623–1662) war Physiker, Mathematiker und Erfinder. Zudem hatte er großes Interesse an der Wahrscheinlichkeit (siehe rechts) und war daher ein religiöser Mensch. Sein Argument lautete: Wenn es einen Gott gibt, hat man als religiöser Mensch mehr Chancen, in den Himmel zu kommen – wenn er nicht existiert, ist es egal, was man glaubt.

Dreieckiger Schatz

Ein Pascalsches Dreieck ist einfach zu erstellen. Jede Zahl ist jeweils die Summe der beiden darüberstehenden Zahlen. Es ist bei Mathematikern sehr beliebt, da es viele der bekanntesten Zahlenfolgen, wie etwa Dreieckszahlen, Quadratzahlen und Potenzzahlen, enthält – und sogar die Zahlen der Fibonacci-Folge.

Jede Zahl ist die Summe der beiden darüberstehenden Zahlen – also 1 + 5 = 6.

Unten lassen sich unendlich viele Reihen anhängen – kannst du hier die Zahlen in die unterste Reihe einsetzen?

PASCALS DREIECK

Bereits vor Jahrhunderten entdeckten indische und chinesische Mathematiker die Besonderheiten dreieckiger Zahlenstapel. Im 17. Jahrhundert untersuchte der französische Mathematiker Blaise Pascal anhand des Dreiecks die Gesetze der Wahrscheinlichkeit. Seitdem trägt es seinen Namen.

PROBIER'S AUS

Taste dich heran

Die Brailleschrift besteht aus Punkten, die blinde Menschen ertasten und so „lesen" können. Jeder Buchstabe besteht aus sechs unterschiedlich angeordneten Punkten. Sie stehen in zwei Spalten zu je drei Zeilen und können entweder erhaben oder flach sein. Unten siehst du die ersten drei Buchstaben. Die großen Punkte sind erhaben, die kleinen flach. Kannst du ausrechnen, wie viele mögliche Muster es gibt?

A B C

Schritt 1
Überlege dir zuerst, wie viele mögliche Anordnungen es für jede Anzahl von Punkten von 1 bis 6 gibt. Für 0 Punkte gibt es nur 1 mögliche Anordnung, für 1 Punkt gibt es 6 mögliche Stellen, an denen er stehen könnte. Findest du diese Reihe irgendwo im Pascalschen Dreieck?

Schritt 2
Rechne die Werte aller Kombinationen zusammen. Wie lautet dein Ergebnis?

Schritt 3
Überlege nun, wie viele Möglichkeiten es für ein 4-Punkte-Muster gibt. Welche Reihe des Dreiecks kann dir jetzt helfen?

Pascal erbaute 1645 die erste bekannte mechanische Rechenmaschine. Er gilt daher als „Vater des Computers".

Auf der Suche nach Mustern

Das Pascalsche Dreieck steckt voller faszinierender Muster. Hier findest du ein paar davon:

Potenzen von 2
In jeder Reihe ergibt die Summe aller Zahlen eine Potenz von 2.

$1 \cdot 2 = 2$
$2 \cdot 2 = 4$
$2 \cdot 4 = 8$
$2 \cdot 8 = 16$
$2 \cdot 16 = 32$
$2 \cdot 32 = 64$

Einser
Einerschritte
Dreieckszahlen

Fibonacci-Folge
Addiert man die Zahlen der flachen Diagonalen (hier farblich markiert), ergibt sich die Fibonacci-Folge.

1, 1, 2, 3, 5, 8, 13

Hockeyschläger-Summen
Beginne bei einer 1 am Rand und folge den Zahlen diagonal. Halte an einer beliebigen Stelle an und gehe einen Schritt diagonal in die Gegenrichtung – praktisch in Form eines Hockeyschlägers. Du siehst: Die nächste Zahl ist immer die Summe der vorherigen Zahlen.

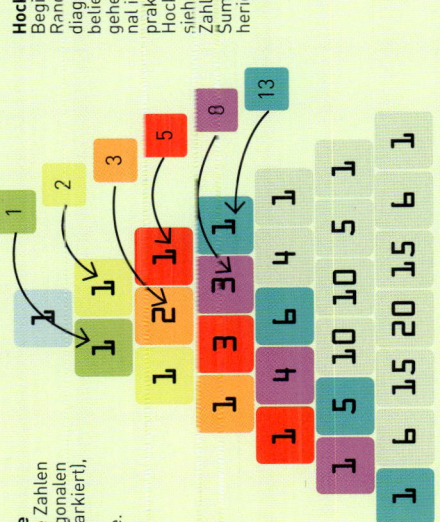

KNIFFLIGE RÄTSEL

MAGISCHE Quadrate

Vor über 4000 Jahren fand der chinesische Kaiser Yu eines Tages im Gelben Fluss eine Schildkröte, deren Schild aus neun Quadraten bestand. Sie trugen die Zahlen 1 bis 9 und die Summe jeder Zeile, Spalte und Diagonale des Quadrats ergab 15. Dies war angeblich das erste magische Quadrat der Welt.

Sensationelle Summen

Ob die Geschichte von Kaiser Yu nun wahr ist oder nicht, sie stellt auf jeden Fall die Eigenschaften eines magischen Quadrats vor. Rechne doch einmal in dem Quadrat links die Summe jeder Zeile und Spalte aus. Oder rechne die Diagonalen zusammen, die vier Ecken oder die vier Mittelkästchen. Hast du die magische Zahl erkannt?

Kannst du zaubern?

Kannst du diese magischen Quadrate vervollständigen? Verwende jede Zahl nur einmal. Die magische Zahl steht jeweils darunter.

Einfach (Zahlen von 1 bis 9)
Magische Zahl: 15

7		9	
		11	16
	6		
	13	8	1

Mittel (Zahlen von 1 bis 16)
Magische Zahl: 34

	18			23	
	25		27	22	31
34	9	1	10		21
6		30	28		16
	14	29	8	20	
	15	35	17	13	

Schwer (Zahlen von 1 bis 36)
Magische Zahl: 111

Veränderbares Quadrat

In diesem magischen Quadrat ergeben die Zahlen der Zeilen, Spalten und Diagonalen jeweils die Summe von 22. Du kannst die magische Zahl aber verändern, indem du die Zahlen in den weißen Kästchen veränderst. Addiere doch einmal 1 zu allen weiß unterlegten Zahlen – und schon ist die magische Zahl 23.

Der Sprung des Springers

Im Schach darf die Figur des Springers sich nur in der Form eines „L" bewegen, wie unten gezeigt. Ein Zug verliefe von der 1 zur 2 und der zweite von der 2 zur 3. Folge dem Sprung des Springers, suche aber jede Zahl nur einmal auf. In einem 8 x 8 großen Quadrat gibt es 26 534 728 821 064 mögliche Wege, auf denen der Springer seinen Ausgangspunkt wieder erreichen kann. Nimm ein leeres Quadrat und suche einen eigenen Weg.

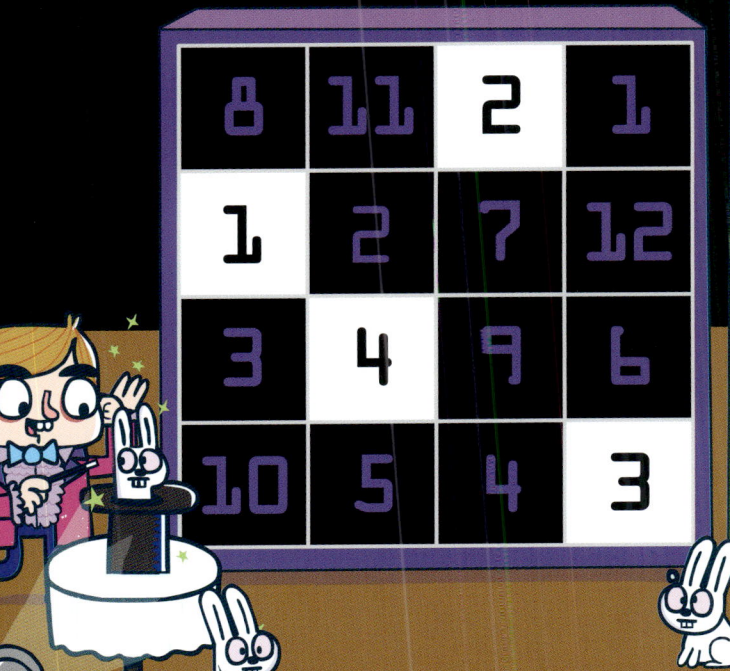

Dein eigenes magisches Quadrat

Erschaffe mit dem Springersprung ein eigenes magisches Quadrat. Setze die 1 irgendwo in die unterste Reihe, dann folge der „L"-Form des Springersprungs und trage dabei die Zahlen 2, 3, 4 und so weiter ein. Dabei gelten folgende Regeln:

- Ziehe immer zwei Schritte nach oben und einen nach rechts.
- Ist das Zielkästchen bereits besetzt, trage die Zahl, die an der Reihe ist, genau unter der zuletzt eingetragenen Zahl ein.
- Stell dir vor, das Quadrat habe kein Ende. Zieht der Springer an einer Kante aus dem Quadrat hinaus, zieht er an der gegenüberliegenden Kante wieder hinein.

In unserem Beispiel landet die 4 nach der 3 mit dem Springersprung daher nicht im Leeren, sondern links unten im zweiten Kästchen. Nach der 5 müsste die 6 eigentlich unten in der Mitte landen. Da dort aber bereits die 1 steht, muss die 6 unter die 5. Kannst du das Quadrat vollständig ausfüllen?

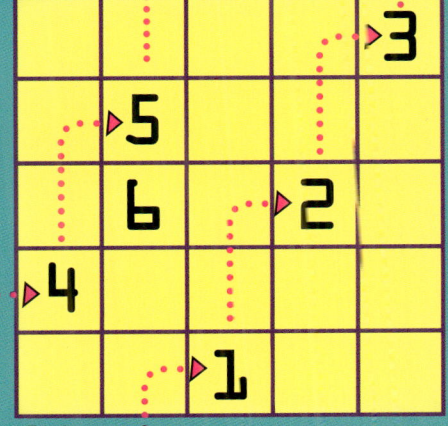

Zwei Schritte hinauf landen links unten im zweiten Kästchen.

Dieser Zug begann bei der 3 rechts oben.

Der Zug ab der 5 müsste auf der 1 enden. Da hier besetzt ist, muss die 6 unter die 5.

KNIFFLIGE RÄTSEL

FEHLENDE ZAHLEN

Zahlenrätsel wie Sudoku, Sujiko und Kakuro sind ein tolles Training für das Gehirn. Sie trainieren das logische Denken und auch ein wenig das Rechnen. Um die fehlenden Zahlen finden zu können, musst du zusätzlich gut schlussfolgern können.

Sudoku
Ein Sudoku besteht aus 9 x 9 Kästchen, die in 9 Quadrate zu je 9 Kästchen eingeteilt sind. Alle Quadrate, Zeilen und Spalten müssen die Zahlen 1 bis 9 enthalten. Bereits eingetragene Zahlen helfen dir zu ermitteln, wo die übrigen Zahlen hingehören. Jede Zahl, die du einträgst, hilft dir weiter.

Ausgefülltes Sudoku

2	5	7	4	8	1	9	6	3
1	9	3	6	2	7	5	4	8
8	4	6	5	3	9	1	7	2
3	6	1	7	5	8	2	9	4
9	8	5	1	4	2	7	3	6
7	2	4	9	6	3	8	5	1
6	3	2	8	7	5	4	1	9
4	7	9	2	1	6	3	8	5
5	1	8	3	9	4	6	2	7

Spalte → (gelb markiert)
Zeile → (weiß markiert)
Neunerquadrat (rot markiert)

🧠 Ein guter Anfangspunkt ist immer eine Reihe, Spalte oder ein Quadrat, in das schon viele Zahlen eingetragen sind. Findest du einen guten Einstieg?

🧠 Gibt es mehrere Möglichkeiten, rate nicht einfach! Schreibe die möglichen Zahlen zunächst mit Bleistift klein in eine Ecke, bis du sicher bist.

Sudoku für Einsteiger

1		6	4	8		3		
	8			2	3			6
	2						9	7
		2	8		7			
	1			3			7	
		7	9		2	4	8	
9	4			6			1	2
7	3					5		
	6	8		7	5	9	3	

Etwas schwieriger

7		5			3	1	2	
9	6		5		1			
2				4				
						9	2	
8		9					5	3
		7	3					
				6				2
			1		2		6	5
	3	2	4			9		8

🧠 Suche nach Dreiergruppen! Sieh dir die mittleren Quadrate an: Unten steht die 7 in der mittleren Spalte des Quadrats und in der Mitte in der rechten Spalte. Also muss sie im oberen Mittelquadrat in die linke Spalte. Nun sieh nach, in welcher Zeile noch keine 7 steht: Es bleibt nur ein mögliches Kästchen übrig.

Sujiko

Bei einem Sujiko stellt die Zahl im Kreis die Summe der Zahlen aus den umliegenden vier Kästchen dar. Versuche, die leeren Kästchen im Sujiko rechts auszufüllen. Setze dabei jeweils verschiedene Zahlen von 1 bis 9 ein.

So geht's

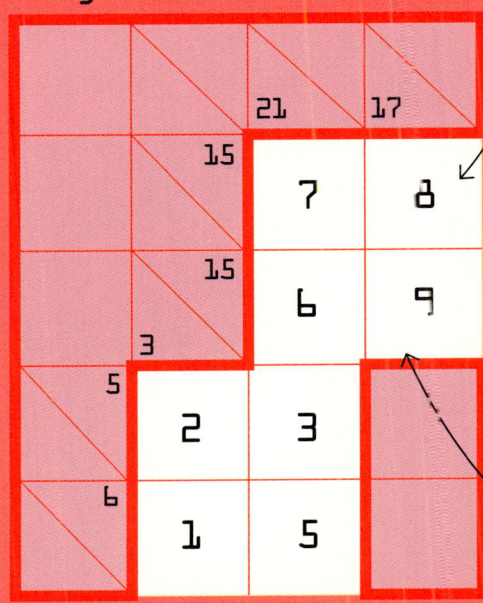

4 + 2 + 7 + 1 = 14

1 + 9 + 3 + 8 = 21

Jetzt bist du dran …

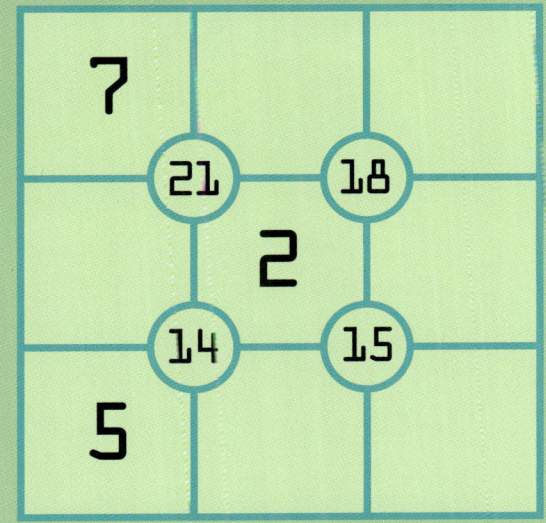

👁 **Du darfst die Zahlen 1 bis 9 jeweils nur einmal verwenden. Das fertige Sujiko soll dir zeigen, wie es geht. Versuche nun, das Sujiko oben auszufüllen.**

Sieh dir die 14 an. 2 und 5 sind bereits eingetragen. Es fehlen also immer noch 7, damit die vier Kästchen 14 ergeben. Welche möglichen Kombinationen gibt es?

Kakuro

Ein Kakuro ist wie ein Kreuzworträtsel mit Zahlen. Die leeren Kästchen werden mit den Zahlen 1 bis 9 gefüllt. Sie dürfen mehr als einmal auftauchen, müssen aber als Summe immer die Zahl ergeben, die über der Spalte oder am Rand der Zeile steht.

So geht das!

Die Zahlen der Spalte ergeben als Summe 17.

Die Zahlen dieser Zeile ergeben addiert 15.

Und jetzt wieder du …

Carl Friedrich Gauß

Carl Friedrich Gauß zählt zu den herausragendsten Mathematikern der Geschichte. Er lieferte bahnbrechende Erkenntnisse in fast allen Bereichen der Mathematik, so z. B. in Statistik, Algebra und Zahlentheorie, und er machte viele Entdeckungen in der Physik. Schon als kleines Kind konnte Gauß hervorragend Kopfrechnen.

In diesem Haus in Braunschweig wurde Gauß geboren. Für die Ausbildung des Wunderkinds kam der Herzog von Braunschweig auf.

Kindheit und Jugend

Carl Friedrich Gauß wurde 1777 als einziges Kind einfacher Eltern geboren. Schon früh war klar, dass er eine besondere Begabung für Mathematik besaß. Bereits im Alter von drei Jahren soll er seinen Vater korrigiert haben, wenn der seine Buchhaltung erledigte. Später erstaunte Gauß seinen Mathematiklehrer, weil er eine eigene Methode erfand, um lange Reihen von Zahlen zu addieren.

Beweis des Unmöglichen

Gauß war sowohl mathematisch als auch sprachlich begabt. Als er 19 Jahre alt war, musste er sich entscheiden, was er studieren wollte. Er entschied sich für die Mathematik und es gelang ihm, nur mit Lineal und Zirkel ein gleichmäßiges 17-Eck (Heptadekagon) zu konstruieren, was bis dahin als unmöglich gegolten hatte. Seine Entdeckung führte zu einem neuen Bereich der Mathematik.

Eine Seite mathematischer Notizen aus einem Brief, den Gauß im Juli 1800 an Johann Hellwig, seinen Mathematikprofessor am Collegium Carolinum, schrieb.

Gauß wünschte sich ein Abbild seiner größten Entdeckung, des 17-Ecks, auf seinem Grabstein. Der Steinmetz lehnte dies aber ab, da es schlicht wie ein Kreis wirken würde.

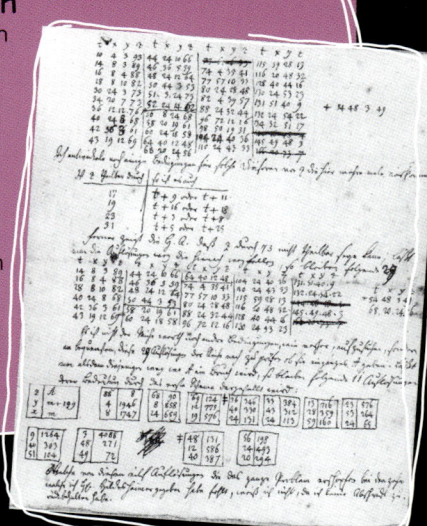

Der verlorene Planet

1801 entdeckte ein Astronom den Zwergplaneten Ceres, verlor ihn aber sofort wieder, als er hinter der Sonne verschwand. Gauß nutzte sein mathematisches Talent, um Ceres wiederzufinden. Anhand der wenigen Beobachtungen vor dem Verschwinden berechnete er, wo der Planet wieder auftauchen müsste – und er hatte recht!

Andere Wissenschaften

Gauß war von der Mathematik ebenso fasziniert wie von ihrem Nutzen für die Naturwissenschaften. Er leistete einen wichtigen Beitrag zur Erfindung des elektromagnetischen Telegrafen, der vor Telefon und Radio das wichtigste Kommunikationsmittel war. Außerdem erforschte er den Erdmagnetismus und erfand ein Messgerät für magnetische Felder. Aus diesem Grund ist eine Maßeinheit für Magnetismus nach ihm benannt.

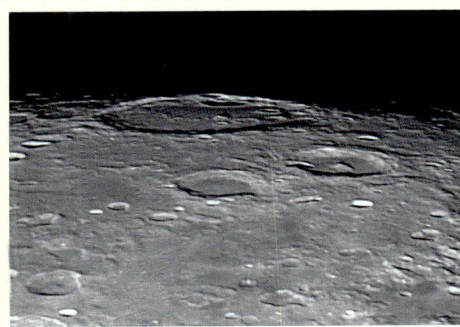

Viele Mondkrater sind nach berühmten Wissenschaftlern benannt. Der Mondkrater Gauß liegt im Nordosten auf der erdzugewandten Seite.

Geniales Vermächtnis

Gauß machte Entdeckungen auf vielen Gebieten der Mathematik, veröffentlichte aber nicht alle. Viele fand man erst nach seinem Tod, nachdem andere sie bewiesen hatten. Als Gauß 1855 starb, wurde sein Gehirn erhalten und untersucht. Damals hielt man es für außergewöhnlich. Eine Untersuchung im Jahr 2000 zeigte aber, dass es ganz normal ist und nicht erkennen lässt, woher sein Genie kam.

Coole Kurve

Trägt man Angaben, z. B. die Körpergröße einer Bevölkerungsgruppe, in ein Balkendiagramm (siehe S. 102) ein, ergibt sich meist eine charakteristische Kurvenform. Die kleinsten und die größten Menschen bilden die flachen Ränder, die durchschnittliche Mehrheit dagegen die hohe Mitte. Gauß entdeckte diese Kurve als Erster und nannte sie Glockenkurve. Sie ist eine der Grundlagen der Wahrscheinlichkeitsrechnung.

Die letzte 10-D-Mark-Banknote vor dem Euro trug Gauß' Porträt und die Glockenkurve.

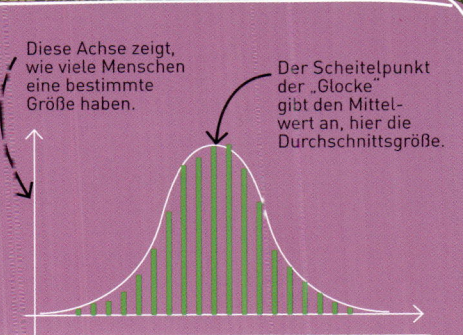

Diese Achse zeigt, wie viele Menschen eine bestimmte Größe haben.

Der Scheitelpunkt der „Glocke" gibt den Mittelwert an, hier die Durchschnittsgröße.

Alle möglichen Dinge sind nach Gauß benannt worden: ein deutsches Expeditionsschiff, das 1901 in die Antarktis aufbrach, ebenso wie auch der erloschene Vulkan Gaußberg, den die Expedition entdeckte.

UNENDLICHKEIT

Die Unendlichkeit ist ein wenig wie ein ewig langer Korridor, der niemals endet. Das ist zwar kaum vorstellbar, aber in der Mathematik ein sehr nützliches Konzept. Viele der Zahlenfolgen und -reihen, die du in diesem Buch findest, lassen sich bis ins Unendliche fortsetzen, ebenso wie die natürlichen Zahlen, die wir zum Zählen nutzen. Stell dir das am besten so vor: Es gibt keine größte Zahl, weil man zu jeder Zahl, egal wie groß sie ist, immer noch eins dazuzählen kann.

Das Unendlichkeitszeichen wurde 1655 erfunden. Es hat weder Anfang noch Ende.

Gibt es die Unendlichkeit?
Nur weil die Unendlichkeit in der Mathematik praktisch ist, heißt das noch nicht, dass sie auch wirklich existiert. Es ist aber möglich, dass das Universum unendlich ist und unendlich viele Sterne beinhaltet. Auch die Zeit wird wahrscheinlich endlos weitergehen – diese Vorstellung nennen wir Ewigkeit.

Nichts ist unmöglich
Hat man genügend Zeit, ist nichts unmöglich. Eine Affenherde, die wild auf Computertastaturen herumhämmert, würde wahrscheinlich irgendwann Shakespeares Werke tippen. Die Erklärung dafür ist einfach: Shakespeares Werke sind endlich (sie haben ein Ende), bei unbegrenzter Zeit aber müssen irgendwann alle möglichen endlichen Buchstabenkombinationen auftauchen.

Eigenschaften der Unendlichkeit
Auch wenn „unendlich" nicht wirklich eine Zahl ist, kann man sie sich als eine Grenze oder als das Ende einer Zahlenreihe vorstellen. Und man kann damit rechnen:

$$\infty + 1 = \infty \qquad \infty + \infty = \infty$$
$$\infty \cdot \infty = \infty$$
$$\infty - 10\,000\,000\,000 = \infty$$

Teste die Unendlichkeitsrechnung mit deinem Taschenrechner. Teile 1 durch immer größere Zahlen und sieh, was passiert. Was meinst du, was passieren würde, wenn du durch eine unendlich große Zahl teilen könntest?

Unendlichkeitsrechnung

Das Unendlichkeitszeichen sieht aus wie eine auf der Seite liegende 8. Es wird allerdings nicht für unendliche Zahlenfolgen verwendet. Bei solchen Zahlenfolgen schreibt man am Ende drei Punkte. Wenn wir die natürlichen Zahlen aufzählen, können wir schreiben: 1, 2, 3 … Andere Folgen haben weder Anfang noch Ende, wie … −2, −1, 0, 1, 2 …

Unendliche Bilder

Der niederländische Künstler Maurits Cornelis Escher (1898–1972) spielte in vielen seiner verwirrenden Grafiken und Bildern mit der Idee der Unendlichkeit. So finden sich in ihnen oft wiederkehrende Muster. Dieses Bild ist lückenlos aus Echsen zusammengesetzt, die sich endlos wiederholen. Die Kunst ist eine Möglichkeit, der Idee der Unendlichkeit näherzukommen.

Unendliche Weiten

Viele Menschen mögen die Vorstellung nicht, dass das Weltall unendlich sein könnte und es keinen Stern gibt, der am weitesten entfernt ist. Denn wenn dies der Fall wäre, müsste es eine unendliche Anzahl von Erden und demnach auch von Wesen geben. Das ist schwer vorstellbar und es erklärt zumindest teilweise, warum einige Wissenschaftler davon ausgehen, dass das Universum endlich ist.

Immer weiter

Es ist unmöglich, die Unendlichkeit wirklich zu verstehen oder sie sich vorzustellen. Wenn du dich zwischen zwei Spiegel stellst, bekommst du aber vielleicht eine Idee davon. Da die Spiegel sich gegenseitig spiegeln, siehst du dein Spiegelbild unendlich oft!

Georg Cantor

Der Erste, der sich mit der Unendlichkeitsrechnung befasste, war der Deutsche Georg Cantor (1845–1918). Er bewies, dass es verschiedene Arten mathematischer Unendlichkeit gibt. Andere Mathematiker waren seinen revolutionären Theorien gegenüber sehr skeptisch, da die bisherige Mathematik dadurch ins Wanken geriet. Heute sind sie jedoch anerkannt.

WISSENSWERTES

ZAHLEN MIT BEDEUTUNG

Überall auf der Welt glauben die Leute an Glücks- und Unglückszahlen. Woher kommt das? Die Gründe liegen zum Teil in der Religion, zum Teil aber auch im Klang oder in der Form einer Zahl.

17

Da in Italien die 17 als Unglückszahl gilt, gibt es in italienischen Flugzeugen häufig keine 17. Reihe. Der Grund liegt in der römischen Schreibweise XVII, die eigentlich ganz harmlos aussieht. Vertauscht man aber die Buchstaben, erhält man das lateinische Wort VIXI, was so viel heißt wie „Ich habe gelebt", also praktisch den Tod bedeutet.

14

In China vermeidet man die Zahl 14, da sie im Chinesischen klingt wie „Ich will sterben". In Südamerika dagegen ist die 14 eine besondere Glückszahl – das Doppelte der Glückszahl 7. Sie bringt also doppelt Glück.

4

In China, Japan und Korea klingt das Wort für „Vier" so ähnlich wie das Wort für „Tod". In Hongkong gibt es deshalb in Hochhäusern oft keine Etagennummern mit einer Vier, also 4, 14, 24, 34 und 40. Ein Haus, dessen oberstes Stockwerk die Nummer 50 trägt, hat daher nicht unbedingt 50 Stockwerke.

42

In Japan sollte man die Zahl 42 nicht laut sagen, denn hintereinander ausgesprochen klingen die Zahlen Vier und Zwei im Japanischen wie „in den Tod gehen".

5

In der islamischen Welt ist die Fünf eine heilige Zahl. Der Glaube hat fünf Hauptbestandteile, die sogenannten fünf Säulen des Islam. Die Gläubigen beten fünfmal am Tag, es gibt fünf Rechtskategorien und fünf Propheten.

7

Die Sieben gilt allgemein als Glückszahl oder sogar magische Zahl. Im irischen Volksglauben hat der siebte Sohn eines siebten Sohnes magische Fähigkeiten. Im Iran haben Katzen sieben Leben statt neun. Im jüdischen und im christlichen Glauben ist die Sieben das Symbol der Perfektion.

666

In der christlichen Kultur ist sie eine starke Unglückszahl, denn sie wird in der Bibel als „Zahl des Tiers" oder als „Zahl des Antichristen" bezeichnet. In China hingegen klingt die Sechs wie „sanft" oder „fließend". Sagt man also dort dreimal hintereinander die Sechs „, bedeutet das so viel wie „alles läuft glatt".

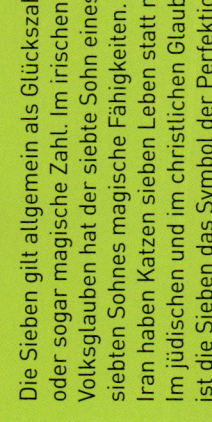

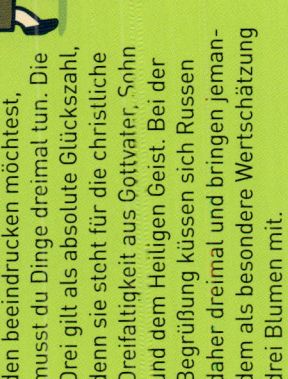

3

Wenn du in Russland jemanden beeindrucken möchtest, musst du Dinge dreimal tun. Die Drei gilt als absolute Glückszahl, denn sie steht für die christliche Dreifaltigkeit aus Gottvater, Sohn und dem Heiligen Geist. Bei der Begrüßung küssen sich Russen daher dreimal und bringen jemandem als besondere Wertschätzung drei Blumen mit.

13

Es gibt Menschen, die würden an einem Freitag, dem 13., am liebsten im Bett bleiben, weil 13 eine Unglückszahl ist. Für Christen steht sie für Judas, den 13. in der Runde des letzten Abendmahls, der Jesus verriet. Juden und Sikhs betrachten die 13 allerdings als eine ausgesprochene Glückszahl.

8

In China ist die Zahl 8 ein Symbol für Erfolg und Wohlstand. Dreimal die Acht hintereinander steht also für dreifachen Erfolg und Reichtum! Daher werden Nummernschilder sowie Haus- und Telefonnummern mit der dreifachen Acht in China sehr teuer verkauft.

60

Im antiken Babylon war die 60 beliebt. Sie war die Basis aller mathematischen Berechnungen. So kommt es, dass wir das 60er-System noch heute bei Sekunden und Stunden nutzen (60 Sekunden = 1 Minute; 60 Minuten = 1 Stunde).

40

In Russland ist die schnellste Methode, von seinen Sünden freigesprochen zu werden, eine Spinne zu töten. Eine getötete Spinne radiert 40 Sünden aus. Die Zahl 40 taucht auch im Christentum häufig auf. Hier bezieht sie sich oft auf Phasen der Einkehr oder der Bestrafung. So verbrachte Moses 40 Tage und 40 Nächte auf dem Berg Sinai und Jesus fastete 40 Tage in der Wüste.

Der Glaube an Zahlen

Jeder kann gut verstehen, dass es Menschen nervös macht, wenn eine Zahl klingt wie „in den Tod gehen". Aber warum geben wir Zahlen überhaupt eine Bedeutung? Wahrscheinlich liegt es daran, dass die Menschen schon immer nach einer Erklärung dafür gesucht haben, warum ihnen etwas Gutes oder Schlechtes passiert. Gab es keine andere Erklärung, suchten sie nach einem Zahlenmuster und machten die Zahl z. B. für Krankheit oder schlechtes Wetter verantwortlich. Umgekehrt gaben ihnen Glückszahlen die Hoffnung, dass ihnen etwas Gutes passieren würde.

TIPPS UND TRICKS

ZAHLEN-TRICKS

Wenn man weiß, wie es geht, kann man mit Zahlen tolle Tricks vorführen. Und wenn du die Vorführung dieser verwirrenden Rechenaufgaben wie eine Zaubershow inszenierst, halten dich deine Freunde bestimmt für einen großen Zauberer oder für ein Genie.

Der Geburtstagstrick
Mit ein wenig Mathematik kannst du ganz leicht den Geburtstag eines Freundes herausfinden:

Schritt 1
Gib einem Freund einen Taschenrechner und bitte ihn, Folgendes zu tun:
- Addiere 18 zu deinem Geburtsmonat.
- Multipliziere das Ergebnis mit 25.
- Subtrahiere davon 333.
- Multipliziere das Ergebnis mit 8.
- Ziehe davon 554 ab.
- Teile das Ergebnis durch 2.
- Addiere dein Geburtsdatum.
- Multipliziere das Ergebnis mit 5.
- Addiere dazu 692.
- Multipliziere das Ergebnis mit 20.
- Nun addiere die letzten beiden Ziffern deines Geburtsjahrs.

Schritt 2
Nun soll er 32 940 abziehen. Im Ergebnis versteckt sich zuerst der Monat, dann der Tag und dann das Geburtsjahr!

Klimpernde Münzen
Überzeuge deine Freunde von deinem mathematischen Genie, indem du genau errätst, wie viel Kleingeld sie in der Tasche haben.

Schritt 1
Frage deine Freunde, ob jemand Kleingeld in der Tasche hat. Bitte denjenigen, die Münzwerte zu addieren. Es sollte aber nicht mehr als 1 Euro sein. Hat er zu viel, bitte ihn, einige Münzen herauszunehmen. Nun bitte ihn, Folgendes zu tun:
- Er soll sein Alter mit 2 multiplizieren.
- Dazu 5 addieren.
- Das Ergebnis mit 50 multiplizieren.
- Davon 365 abziehen.
- Die Kleingeldsumme zum Ergebnis addieren.
- Zum Ergebnis 115 addieren.

Schritt 2
Deine Freunde werden staunen, wenn du verrätst, dass die ersten beiden Zahlen des Ergebnisses sein Alter und die letzten beiden Zahlen den Wert des Kleingelds in seiner Tasche verraten.

Kaprekar-Konstante

Beweise deinen Freunden, dass du mit einer magischen Formel jede vierstellige Zahl in sieben Schritten in die Zahl 6174 verwandeln kannst.

Schritt 1
Lass einen Freund eine beliebige vierstellige Zahl aufschreiben, die aus mindestens zwei verschiedenen Ziffern besteht (5555 geht also nicht).

Schritt 2
Nun bitte ihn, die Zahlen aufsteigend und absteigend zu sortieren. Aus 1744 wird also 1447 und 7441. Nun soll er die kleinere von der größeren Zahl abziehen. Ist das Ergebnis noch nicht 6174, soll er die Ziffern des Ergebnisses erneut auf- und absteigend ordnen und die kleinere von der größeren Zahl abziehen. Nach spätestens sieben Schritten erhält er 6174.

Dieses kuriose Zahlenmuster wurde von einem indischen Mathematiker namens D. R. Kaprekar entdeckt.

Zahlen vorhersagen
Mit diesem Trick kannst du ein Ergebnis vorhersagen. Aber eigentlich rechnest du dabei heimlich ein wenig.

Schritt 1
Bevor du diesen Trick vorführst, verdopple die aktuelle Jahreszahl. Beispiel: 2013 · 2 = 4026. Notiere das Ergebnis und falte den Zettel, damit die Zahl nicht gleich sichtbar ist.

Schritt 2
Suche einen Freiwilligen, gib ihm den Zettel und bitte ihn, Folgendes zu tun:
• Er soll an ein historisches Datum denken und sein Alter, das er im aktuellen Jahr erreicht, hinzuaddieren.
Beispiel: 1969 + 13 = 1982.
• Nun soll er ausrechnen, wie viele Jahre seit dem historischen Datum vergangen sind, und sein Geburtsjahr dazuaddieren. Beispiel: 44 + 2000 = 2044.
• Die beiden Ergebnisse soll er nun addieren.
Also: 1982 + 2044 = 4026.

Schritt 3
Bitte ihn, den Zettel aufzuklappen, und freue dich auf sein erstauntes Gesicht!

Der Alterstrick
Durch Rechnen kannst du auch das Alter von Personen herausfinden, die älter sind als du.

Schritt 1
Frage zunächst, ob du das Alter deines „Opfers" austüfteln darfst. Gib ihm einen Zettel und bitte ihn, Folgendes zu tun:
• Er soll die erste Ziffer seines Alter mal 5 nehmen und dann 3 dazuzählen.
• Dann soll er das Ergebnis verdoppeln und die zweite Ziffer seines Alters addieren.

Schritt 2
Bitte ihn, das Ergebnis aufzuschreiben und es dir zu zeigen. Nun tu so, als würdest du ganz wild im Kopf rechnen, ziehe aber eigentlich nur 6 vom Ergebnis ab.

PRIMZAHL PUZZLES

Die Primzahlen mit ihren ganz besonderen Eigenschaften gehören zu den Lieblingszahlen der Mathematiker. Primzahlen sind Zahlen, die nur durch sich selbst und durch 1 teilbar sind. Die 4 ist also keine Primzahl, denn sie lässt sich zusätzlich durch 2 teilen. Die 3 ist aber eine Primzahl, denn sie lässt sich nur durch 3 oder durch 1 teilen, wenn eine ganze Zahl herauskommen soll.

Die Suche geht weiter
Es gibt bis heute keine Methode zum Errechnen von Primzahlen. Je mehr gefunden werden, desto schwieriger wird es. Die Mathematik kommt nur selten in die Schlagzeilen, aber eine neu gefundene Primzahl ist eine Sensationsmeldung. 1991 gab Liechtenstein zum Fund einer neuen Primzahl sogar eine Briefmarke heraus.

Primzahlenpyramide
Alle Zahlen in dieser Pyramide sind Primzahlen. Folgt man dem Muster, müsste die nächste Zahl 333 333 331 sein. Erstaunlicherweise lässt sich diese Zahl aber durch 17 teilen. Das Ergebnis lautet 19 607 843.

```
      31
     331
    3331
   33331
  333331
 3333331
33333331
```

PROBIER'S AUS

Primzahlen aussieben
Große Primzahlen lassen sich nur mithilfe von Computern finden. Etwa 300 v. Chr. entdeckte aber der griechische Mathematiker Erathostenes ein „Sieb"-System, mit dem er kleinere Primzahlen feststellen konnte.

👁 Zeichne ein 10 x 10 Kästchen großes Gitter und trage die Zahlen 1 bis 100 ein. Streiche die Zahl 1, da sie nicht als Primzahl gilt.

👁 Die nächste Zahl ist 2. Sie lässt sich nur durch 1 und sich selbst teilen, ist also eine Primzahl. Kreise sie daher ein.

👁 Alle Zahlen, die ein Vielfaches von 2 sind, können keine Primzahlen sein. Streiche also alle Zahlen aus, die ein Vielfaches von 2 sind.

👁 Nun folgt die 3. Sie ist ebenfalls eine Primzahl (teste es ruhig), also kreise sie ein. Wieder gilt, dass alle Zahlen, die ein Vielfaches von 3 sind, keine Primzahlen sein können. Streiche also alle Vielfachen von 3 aus. (Die 3 selbst musst du natürlich stehen lassen.)

👁 Die 4 und alle Vielfachen von 4 solltest du schon ausgestrichen haben, als du die Vielfachen von 2 gestrichen hast. Nun tu dasselbe mit den Vielfachen von 5 und 7. (Die 5 und 7 selbst bleiben natürlich stehen.)

👁 Alle nun noch übrigen Zahlen sind Primzahlen.

1	2	3	4	5	6	7	8	9	10
11	12	13	14	15	16	17	18	19	20
21	22	23	24	25	26	27	28	29	30
31	32	33	34	35	36	37	38	39	40
41	42	43	44	45	46	47	48	49	50
51	52	53	54	55	56	57	58	59	60
61	62	63	64	65	66	67	68	69	70
71	72	73	74	75	76	77	78	79	80
81	82	83	84	85	86	87	88	89	90
91	92	93	94	95	96	97	98	99	100

PROBIER'S AUS

Faktoren finden
Primzahlen sind Bausteine, aus denen andere Zahlen zusammengesetzt sind. Die 6 kann beispielsweise aus den Primzahlen 2 und 3 multipliziert werden. Sie werden daher Primfaktoren der 6 genannt. Kannst du das folgende Primzahlrätsel lösen?

Schritt 1
Es gibt eine Zahl zwischen 30 und 40, deren Primfaktoren zwischen 4 und 10 liegen. Wie heißt die Zahl und was sind die Primfaktoren? Um das Rätsel zu lösen, suche zuerst die Primzahlen zwischen 4 und 10. Ermittle ihr Produkt (also das Ergebnis, wenn du sie miteinander multiplizierst). Du wirst feststellen, dass nur eine einzige Zahl zwischen 30 und 40 dabei herauskommen kann.

Schritt 2
Nun suche eine Zahl zwischen 40 und 60, die Primfaktoren zwischen 4 und 12 besitzt. Wie heißen die Primfaktoren?

Schlaue Zikaden
Auch in der Natur spielen Primzahlen eine Rolle, und zwar bei Zikaden. Einige Zikadenarten verbringen 13 bis 17 Jahre ihres Lebens als Larven unter der Erde. Dann kommen sie als paarungsbereite Vollinsekten heraus (13 und 17 sind Primzahlen). Durch diesen Lebenszyklus entgehen die Zikaden Räubern mit einem Lebenszyklus von zwei, drei, vier oder fünf Jahren und haben so eine wesentlich bessere Überlebenschance.

PROBIER'S AUS

Primzahlenwürfel
Schreibe die Zahlen 1–9 in ein Quadrat aus 3 x 3 Kästchen, sodass jede Zeile und jede Spalte addiert eine Primzahl ergibt. Es muss nicht immer dieselbe Primzahl sein. Wir haben schon einmal ein paar Zahlen für dich eingetragen, aber es gibt 16 verschiedene Lösungen. Wie viele kannst du finden?

2		
		9
	7	

Primzahlen enttarnen
Mit der Hilfe eines Computers lassen sich zwei große Primzahlen ganz leicht miteinander multiplizieren. Das Ergebnis nennt man eine Semiprimzahl. Umgekehrt ist es aber fast unmöglich, die Primfaktoren einer großen Semiprimzahl zu ermitteln. Genau aus diesem Grund werden Primzahlen so gern zur Verschlüsselung benutzt. Damit schützt man z.B. Bankdaten oder wahrt das Briefgeheimnis bei E-Mails.

Im Jahr 2009 entdeckte ein internationales Computerprojekt namens Great Internet Mersenne Prime Search (GIMPS) eine Primzahl mit zwölf Millionen Stellen und gewann dafür 100 000 Dollar.

Flächen und Körper

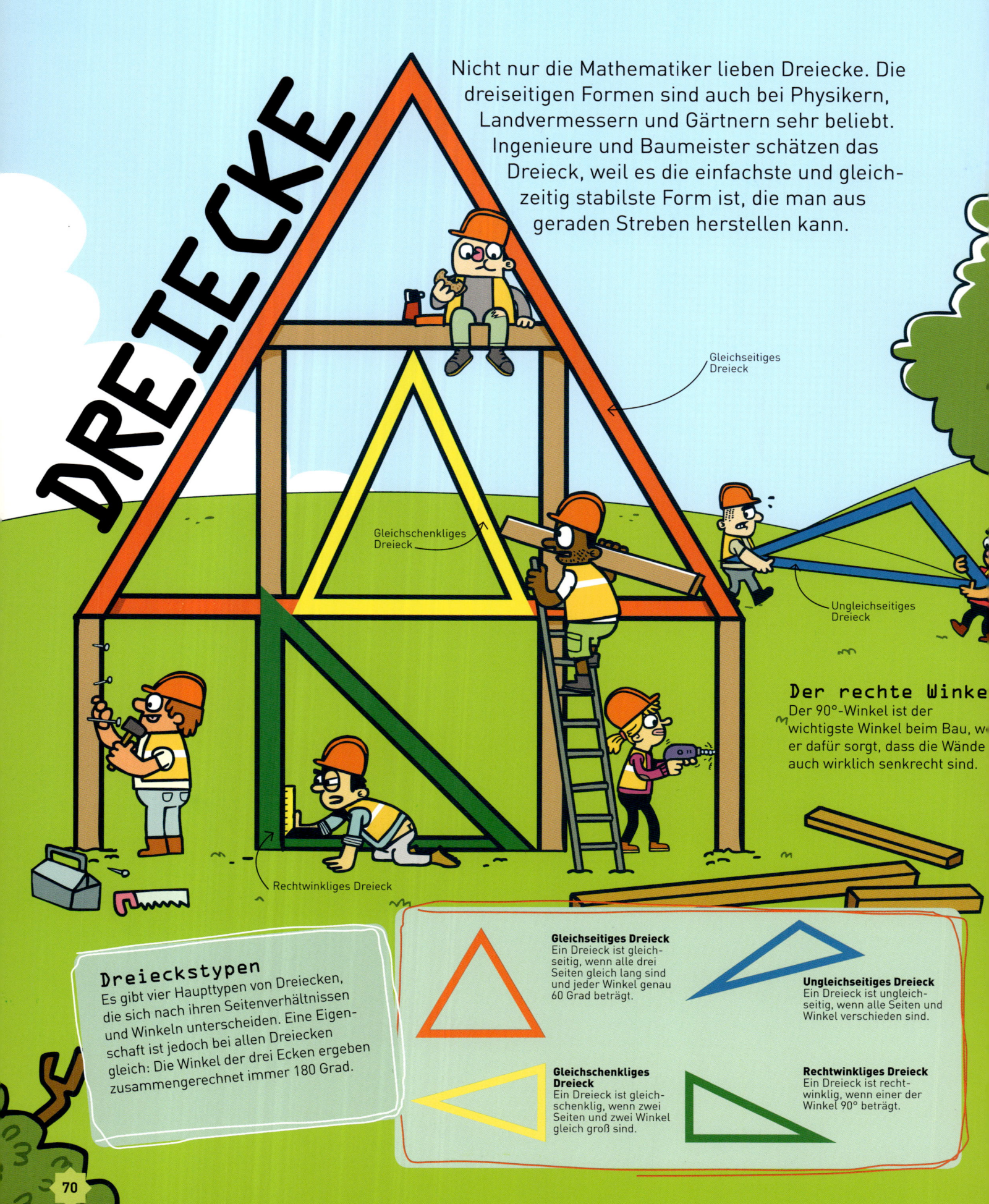

Die 3-D-Grafiken in Filmen und Computerspielen bestehen aus Dreiecken.

Superstabil!
Baut man ein Quadrat aus vier Streben, kann man es leicht zu einer Raute verformen. Das gilt auch für Fünf- und Sechsecke: Sie lassen sich leicht aus der Form bringen. Ein Dreieck aber kann man in keine andere Form zwingen, es sei denn, man zerstört die Streben oder Verbindungen. Wegen dieser Stärke werden Dreiecke beim Bau von Häusern und Brücken verwendet.

Bäume und Dreiecke
Mit einem rechtwinkligen Dreieck lässt sich die Höhe eines Baums messen. Finde den Punkt heraus, an dem du einen Stock so in den Boden stecken kannst, dass er genau im 45°-Winkel zur Spitze des Baums zeigt. Dann entspricht der Abstand zwischen dem Ort, an dem der Stock steckt, und dem Baumstamm genau der Höhe des Baums. Ist der Winkel größer als 45°, kippt der Baum dir auf den Kopf, wenn er umfällt.

Hipparchos
Der griechische Astronom und Mathematiker Hipparchos (um 190–120 v. Chr.) berechnete anhand von Dreiecken die Größe der unterschiedlichsten Dinge. Er beschränkte sich dabei auch nicht nur auf die Erde, sondern berechnete sogar die Größe von Sonne und Mond und ihre Entfernung von der Erde!

PROBIER'S AUS

Flächen messen
Mit der Hilfe von Dreiecken kannst du jede Fläche mit geraden Rändern vermessen. Und das geht so:

Schritt 1
Teile die Fläche in lauter rechtwinklige Dreiecke ein. Wir haben die Längen (in Papierkästchen) an die Linien geschrieben.

Schritt 2
Jedes rechtwinklige Dreieck ist ein halbes Rechteck. Um seine Fläche zu bestimmen, errechnest du die Fläche des ganzen Rechtecks und halbierst sie. Beispiel:
3 · 7 = 21
21 : 2 = 10,5

Schritt 3
Wiederhole den Vorgang für die übrigen Dreiecke und addiere am Schluss die Ergebnisse.

FORMSACHE

Das Studium der Formen ist eines der ältesten Gebiete der Mathematik. Die alten Ägypter lernten damit, Pyramiden zu bauen, Land zu vermessen und Sterne zu beobachten. Aber erst die alten Griechen begriffen die Formen vollständig und entdeckten viele der Regeln und Formeln, die wir heute noch anwenden.

Alle vier Seiten

Flächen mit vier geraden Seiten nennt man Vierecke. Alle Vierecke stehen in Beziehung zueinander. So ist ein Quadrat eine besondere Form des Rechtecks, und ein Rechteck ist eine besondere Form des Parallelogramms.

Quadrat
Alle Seiten sind gleich lang und alle Ecken sind rechtwinklig.

Trapez
Das Viereck hat zwei parallele Seiten unterschiedlicher Länge.

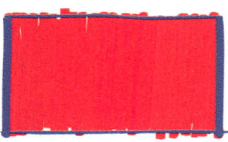

Rechteck
Die Fläche hat vier rechte Winkel und die gegenüberliegenden Seiten sind gleich lang.

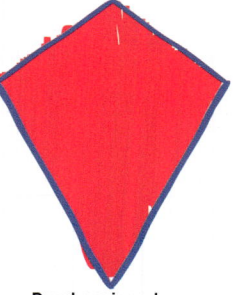

Drachenviereck
Dieses Viereck hat je zwei benachbarte Seiten gleicher Länge. Die gegenüberliegenden Seiten sind nicht gleich lang.

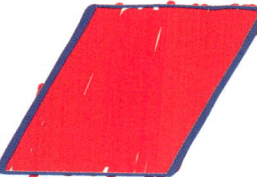

Rhombus
Alle Seiten sind gleich lang, aber es gibt keine rechten Winkel.

Parallelogramm
Die einander gegenüberliegenden Seiten sind gleich lang und parallel zueinander.

Mehr Seiten

Die Namen von Flächen mit fünf oder mehr Seiten enden alle auf „-on". Der erste Namensteil stammt aus dem Griechischen und nennt die Zahl der Seiten. *Polygon* bedeutet also „viele Seiten".

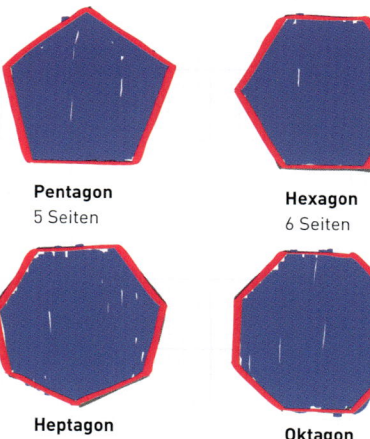

Pentagon 5 Seiten

Hexagon 6 Seiten

Heptagon 7 Seiten

Oktagon 8 Seiten

Nonagon 9 Seiten

Dekagon 10 Seiten

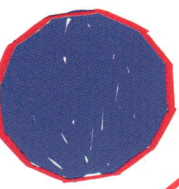

Dodekagon 12 Seiten

Die Mathematik der Formen nennt man Geometrie, nach dem altgriechischen Wort für „Erdvermessung".

Noch mehr Seiten

Je mehr Seiten ein Polygon hat, desto näher kommt es einem Kreis.

13 – Tridekagon
14 – Tetradekagon
15 – Pentadekagon
16 – Hexadekagon
17 – Heptadekagon
18 – Oktadekagon
19 – Enneadekagon
20 – Ikosagon
100 – Hektogon
1000 – Chiliagon
10 000 – Myriagon
1 000 000 – Megagon

Symmetrie erkennen

Die meisten regelmäßigen Formen sind symmetrisch, und zwar entweder achsen- oder drehsymmetrisch. Lässt sich eine Form so falten, dass beide Hälften identisch sind, ist sie achsensymmetrisch. Sieht eine Form gleich aus, wenn man sie um einen Mittelpunkt dreht, ist sie drehsymmetrisch. Diese Eigenschaft ist wichtig für Mathematik und Wissenschaft.

Mittellinie
Die Linie durch die Mitte einer symmetrischen Form nennt man Symmetrieachse. Ein Schmetterling hat eine einzige Symmetrieachse.

Drehpunkt
Wenn du das Buch auf den Kopf stellst, siehst du, dass diese Form drehsymmetrisch ist, da sie andersherum genauso aussieht.

Da Schneeflocken aus sechseckigen Kristallen bestehen, haben sie immer sechs Arme.

Tiere mit einer ungeraden Anzahl von Gliedern, wie der fünfarmige Seestern, sind selten. Dadurch hat er fünf Symmetrieachsen und ist drehsymmetrisch.

Das perfekte Muster von Spinnennetzen ist die wirkungsvollste Art, möglichst schnell eine große Falle zu bauen.

Formen in der Natur

In der Natur kommen häufig regelmäßige und symmetrische Formen vor. Die meisten Tiere haben eine Symmetrieachse, die meisten Pflanzen sind drehsymmetrisch. Das liegt zum Teil an der Art, wie sie wachsen, kann aber auch nützlich für ihre Lebensweise sein.

Bienen bauen Honigwaben aus sechseckigen Zellen, weil das am wenigsten Wachs braucht.

Kieselalgen, winzige Meerestierchen, kommen in vielfältigen Formen vor, die alle entweder dreh- oder achsensymmetrisch sind.

Plattfische werden symmetrisch geboren, werden aber später asymmetrisch. Ihre Augen wandern dabei auf die gleiche Körperseite.

Perfekter Sitz

Wenn Flächen so wie hier perfekt aneinanderpassen, spricht man von Flächenschluss. Dreiecke, Vierecke und Sechsecke passen so aneinander, Fünfecke dagegen nicht. Auch Mischungen, z. B. aus Achtecken und Quadraten, passen aneinander.

Und der Mensch?

Menschen wirken symmetrisch, was ja auch sinnvoll wäre. Aber stimmt es denn wirklich?

👁 Die beiden Gesichtshälften sind leicht unterschiedlich. Das erkennst du, wenn du einen Spiegel an deine Nase hältst und in einen zweiten Spiegel blickst.

👁 Im Körper liegt das Herz etwas weiter links und die Leber mehr rechts.

👁 Bei den meisten Menschen ist je ein Fuß und eine Hand größer als der und die andere.

👁 Wenn wir versuchen, ganz ohne Orientierungsmöglichkeit im dichten Nebel geradeaus zu laufen, weichen wir ständig ganz leicht zu einer Seite ab und laufen daher in einem großen Kreis. Die Asymmetrie des Körpers lässt uns vom geraden Weg abweichen.

KNIFFLIGE RÄTSEL

FLÄCHENZAUBER

Diese Aufgaben schärfen den Sinn für zweidimensionale Formen. Hier gibt es Flächen innerhalb von Flächen und Dinge zum Ausschneiden und Basteln. Am Ende hast du garantiert eckige Augen!

Dreiecke zählen
Sieh dir diese Pyramide aus Dreiecken genau an. Was siehst du? Sicher viele Dreiecke, aber wie viele genau? Du musst dich sehr konzentrieren, um auch alle Dreiecke innerhalb von Dreiecken zu zählen. Die Dinge sind nicht immer so, wie sie zunächst scheinen!

Tangram-Spiele
Aus mehreren kleinen Formen lassen sich unzählige weitere Formen zusammensetzen. In China erkannte man dies und entwickelte aus der Idee das Tangram. Aus nur sieben Grundformen werden dabei Hunderte unterschiedlicher Bilder gelegt.

Du brauchst:
- ein quadratisches Stück Kartonpapier
- Schere
- Buntstifte

Schritt 1
Zeichne nach der Vorlage links ein Quadrat auf das Papier und unterteile es in sieben unterschiedliche Formen, die du farbig ausmalst und ausschneidest.

Schritt 2
Zur Übung kannst du die bunten Teile zunächst zu diesem Kaninchen (rechts) zusammenlegen.

Schritt 3
Jetzt versuche, diese Bilder zu legen. Damit es nicht so einfach ist, haben wir die Farben weggelassen. Anschließend kannst du dich an eigenen Bildern versuchen.

74

Formen innerhalb von Formen

Diese Formen lassen sich in gleiche Stücke teilen. Die ersten Teilungen haben wir bereits für dich vorgegeben.

Quer gedacht
Dieses Quadrat ist in vier Quadrate unterteilt, aber wie teilst du es in fünf identische Teile? Hier hilft es, auf ungewöhnliche Weise zu denken.

Geteiltes L
Diese L-Form ist bereits in drei identische Teile unterteilt, aber kannst du sie auch in vier gleiche Teile teilen? Die Lösung liegt in der Form selbst. Wie steht es mit sechs identischen Teilen?

Herausforderung im Quadrat

Hier geht es darum, die Gitter unten nicht aus Linien, sondern aus Quadraten zu zeichnen – und zwar aus möglichst wenigen. Das erste haben wir für dich vorbereitet. Ab hier wird es aber immer schwieriger.

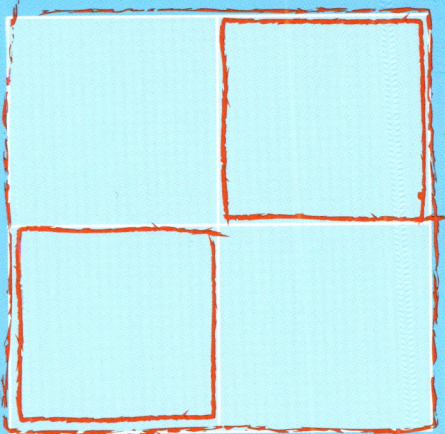

So geht's
Du kannst dieses 2 × 2-Gitter mit nur drei Quadraten (rot) zeichnen.

Den Rahmen sprengen

Diese Streichholz-Puzzles sind eine prima Übung fürs Querdenken. Du kannst anstelle der Streichhölzer auch Zahnstocher nehmen.

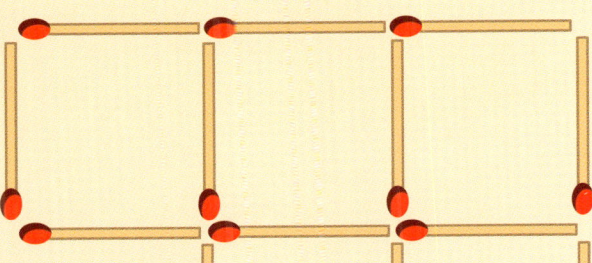

Puzzle 1
Kannst du drei Hölzer entfernen, sodass drei Quadrate übrig bleiben?

Puzzle 2
Lege zwölf Hölzer wie gezeigt aneinander. Kannst du zwei Hölzer so verschieben, dass sieben Quadrate entstehen?

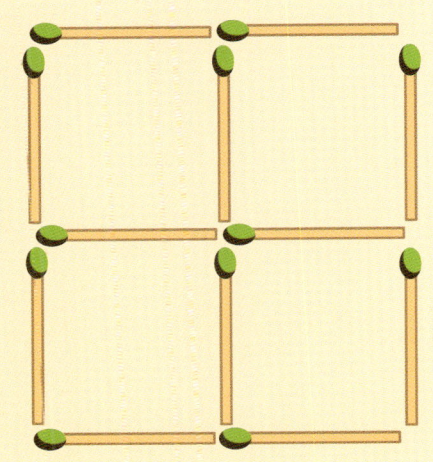

Du bist dran
Versuche jetzt, dieses 3 × 3-Gitter aus vier Quadraten zu zeichnen.

4 × 4
Wie viele Quadrate brauchst du mindestens für dieses Gitter?

Wo du auch hinsiehst – überall sind Kreise: Münzen, Kekse, Zifferblätter, Räder und sogar Teller! Der Kreis ist eine einzigartige Form, die ganz einfach aussieht, bis du versuchst, ihn mit freier Hand zu zeichnen. Da erkennst du, dass er einige ungewöhnliche Eigenschaften besitzt.

IMMER IM KREIS

Umfang

Der Kreis
Ein Kreis ist eine Form, deren Rand an allen Stellen gleich weit vom Mittelpunkt entfernt ist. Diese Entfernung nennt man Radius. Die Strecke, die gerade von einem Randpunkt durch den Mittelpunkt zu einem anderen Randpunkt verläuft, heißt Durchmesser, und die Länge des Rands bezeichnet man als Umfang. Am einfachsten lassen sich Kreise mit einem Zirkel zeichnen.

Durchmesser

Radius

Was ist Pi?
Bei allen Kreisen – ob nun Fahrradfelge oder Zifferblatt – ergibt der Umfang geteilt durch den Durchmesser 3,141592... Die alten Griechen nannten diese ganz besondere Zahl Pi und gaben ihr das Symbol des gleichnamigen Buchstabens π. Sie ist eine unendliche Bruchzahl. Die Strecken in einem Kreis hängen alle mit Pi zusammen. So ist der Umfang gleich π multipliziert mit dem Durchmesser.

3,141592653589...

PROBIER'S AUS

Vom Kreis zur Ecke
Zeichne mit dem Zirkel einen Kreis und verwandle ihn nach dem unten gezeigten Muster in ein Sechseck. Die danebenstehenden Tipps sollen dir ein wenig dabei helfen.

Setze die Zirkelnadel an einer beliebigen Stelle in den Rand des Kreises.

Zeichne eine Kurve, die durch den Mittelpunkt des Kreises geht und an zwei Stellen den Rand schneidet. Setze die Nadel auf einen der Punkte und zeichne gleich große Kurven, bis das hier gezeigte Muster entsteht.

Verbinde die Punkte mit dem Lineal zu einem Sechseck.

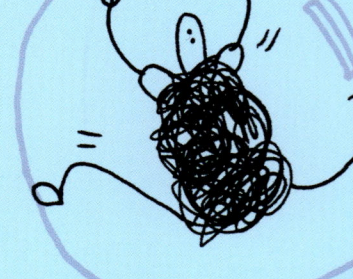

2011 brauchte der japanische Mathematiker Shigero Kondo 371 Tage, um Pi auf 10 Billionen Nachkommastellen zu berechnen.

Lang gezogene Kreise

Viele Menschen glauben, die Bahnen der Planeten um die Sonne seien kreisförmig, aber in Wirklichkeit sind es Ellipsen. Diese Ovale sind ebenfalls sehr exakte Formen. Ein Kreis hat einen Mittelpunkt, während eine Ellipse zwei „Brennpunkte" hat. Das merkst du, wenn du eine Ellipse zeichnen willst (siehe rechts).

PROBIER'S AUS

Ellipsen zeichnen

So zeichnest du eine Ellipse mit zwei Nadeln und einem Faden. Experimentiere ruhig mit unterschiedlich langen Fäden.

Schritt 1
Lege ein Blatt auf eine Kartonunterlage und stecke zwei Nadeln als Brennpunkte hinein.

Schritt 2
Knote eine Schlaufe, die mindestens 3 cm länger ist als der Abstand zwischen den Nadeln, und lege sie um die Nadeln. Ziehe den Faden mit der Bleistiftspitze straff und zeichne eine Kurve um die Brennpunkte.

Nützliche Kurve

Eine Parabel ist eine Kurve, die in der Natur häufig vorkommt und die in Technik und Wissenschaft sehr nützlich ist. Ein geworfener Ball fällt z. B. in einer Kurve zu Boden, die grob einer Parabel entspricht. Parabeln findet man auch in künstlichen Dingen, wie den Schüsseln von Radioteleskopen und Satelliten. Die sanft gekrümmten Wände der Schüssel fangen Signale auf und bündeln sie im zentralen Brennpunkt.

PROBIER'S AUS

Mit dem Buch zum Mittelpunkt des Kreises

Bücher sind nicht nur zum Lesen da. Zeichne einen Kreis und nimm ein Buch, das größer ist als der Kreis. Mit den folgenden Anweisungen kannst du damit den Kreismittelpunkt bestimmen.

Schritt 1
Lege eine Ecke des Buchs auf den Rand des Kreises (A) und zeichne an, wo die beiden Buchkanten den Kreis schneiden (B).

Schritt 2
Lege das Buch beiseite und verbinde die Punkte mit einer Linie. Das ist der Durchmesser des Kreises.

Schritt 3
Bestimme nach Schritt 1 und 2 einen zweiten Durchmesser (Punkte C). Wo sich die beiden Linien kreuzen, ist der Mittelpunkt.

DIE DRITTE DIMENSION

Die drei Dimensionen sind Länge, Breite und Höhe. Jeder Körper hat seine Form aus einem ganz bestimmten Grund, deshalb hilft uns das Verständnis der Körper dabei, natürliche Gegenstände zu begreifen und künstliche zu entwerfen und zu bauen.

Formen bauen
Einige regelmäßige dreidimensionale Körper, wie z. B. Pyramiden, können aus zweidimensionalen Flächen zusammengesetzt werden. Andere, wie Ziegel, dienen zum Bau anderer dreidimensionaler Körper, z. B. Häuser. Die Mathematik hilft den Konstrukteuren bei ihrer Arbeit.

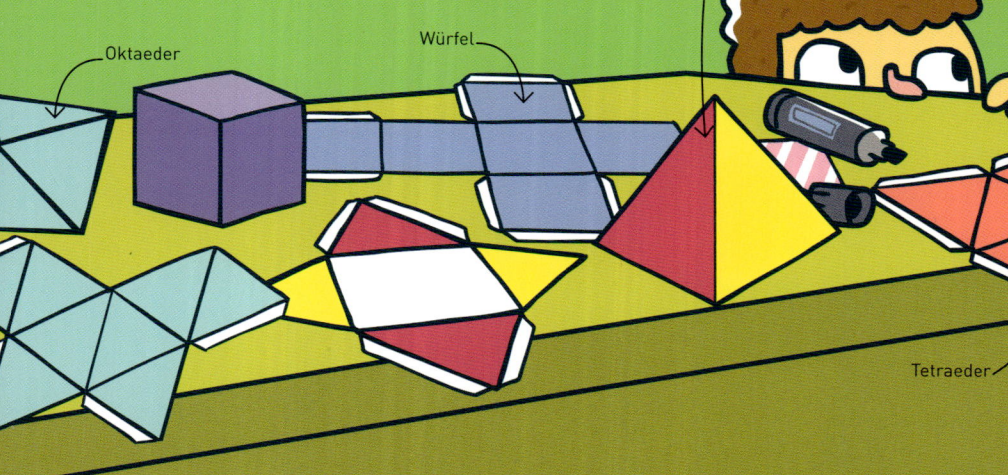

Oktaeder · Würfel · Pyramide · Tetraeder

Kristallgitter

Viele natürliche Dinge, wie Tiere und Bäume, haben unregelmäßige Formen, aber manche sind auch sehr regelmäßig – z. B. Kristalle. Sie bestehen aus winzigen Teilchen, die sich zu einfachen Formen (z. B. Würfeln) verbinden. Nach und nach entstehen so immer größere Körper.

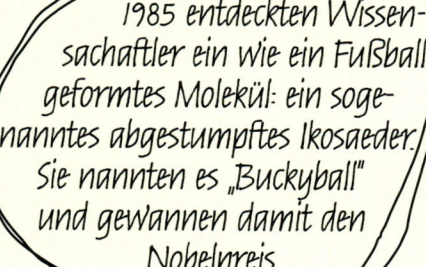

1985 entdeckten Wissenschaftler ein wie ein Fußball geformtes Molekül: ein sogenanntes abgestumpftes Ikosaeder. Sie nannten es „Buckyball" und gewannen damit den Nobelpreis.

Kugelwelt

Der einfachste Körper ist eine Kugel oder Sphäre. Diese Form umschließt den größten Raum bei der kleinsten Oberfläche. Da sie keine Ecken hat, ist sie auch besonders stabil. Sonnen, Planeten und Monde sind kugelförmig, weil ihr Material bei der Entstehung von der Schwerkraft zusammengezogen wurde.

Eine Kuppel ist eine Halbkugel (Hemisphäre).

Die Erde besteht aus mehreren ineinanderliegenden Kugeln: innerer und äußerer Erdkern, Erdmantel und Erdkruste.

Die meisten Fußbälle bestehen aus 12 Fünfecken und 20 Sechsecken: Diese Form ist ein abgestumpftes Ikosaeder.

Stapeln und packen

Beim Design von Produkten spielen dreidimensionale Formen eine wichtige Rolle. So muss die Verpackung beispielsweise Gewicht, Kosten und Material sparen (sie wird ja meist weggeworfen), aber gleichzeitig muss sie den Inhalt schützen und sich gut stapeln lassen. Eine kugelförmige Dose verbraucht am wenigsten Metall, ist aber schwer zu produzieren, zu stapeln und zu öffnen. Aus diesem Grund sind Zylinder eine bessere Wahl.

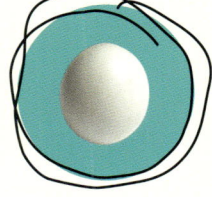

Ovales Ei

Kegelförmiges Ei

Perfekt eiförmig

Eier sind ungefähr kugelförmig, damit die Vögel sie leicht legen und ausbrüten können. Außerdem verbraucht diese Form auch weniger Kalk als z. B. die Würfelform. Je nach Nistplatz der Vögel gibt es aber sehr unterschiedliche Eiformen. Vögel, die sicher auf Bäumen nisten, legen eher runde Eier. Vögel, die auf Felssimsen nisten, haben dagegen zugespitzte Eier, die im Kreis rollen, wenn sie angestoßen werden, damit sie nicht herunterfallen.

Räumliches Sehen

Wir haben zwei Augen, da wir mit einem nicht räumlich sehen könnten. Wenn du die Augen abwechselnd öffnest und schließt, siehst du zwei leicht unterschiedliche Bilder. Das Gehirn setzt aus den beiden 2-D-Bildern mithilfe von weiteren Informationen wie Licht und Schatten ein 3-D-Bild zusammen.

KNIFFLIGE RÄTSEL

Würfel bauen
Bei diesem Puzzle musst du die Teile vor deinem geistigen Auge hin und her drehen, um die Paare zu finden, die jeweils einen Würfel ergeben. Allerdings gibt es neun Teile ... Welche bilden die Paare und welches Teil bleibt am Ende übrig?

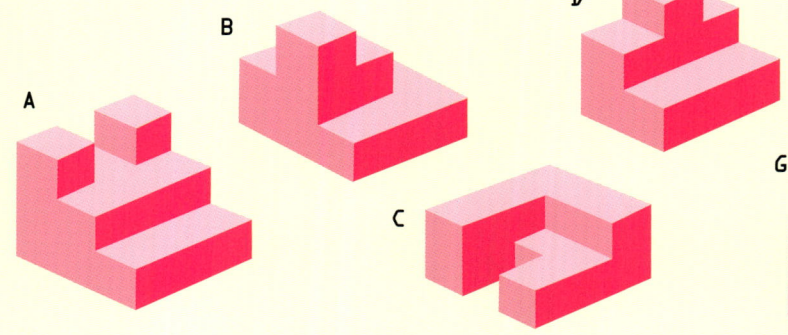

3-D- PUZZLES

Diese dreidimensionalen Formen sind ein großartiges Gehirntraining, vor allem, weil du sie ja in zweidimensionaler Form betrachtest. Es wäre tatsächlich viel einfacher, wenn man sie in die Hand nehmen und zusammensetzen oder falten könnte!

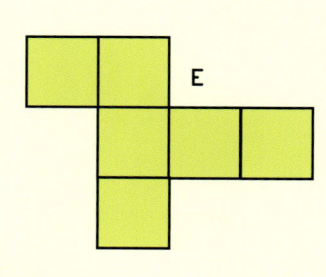
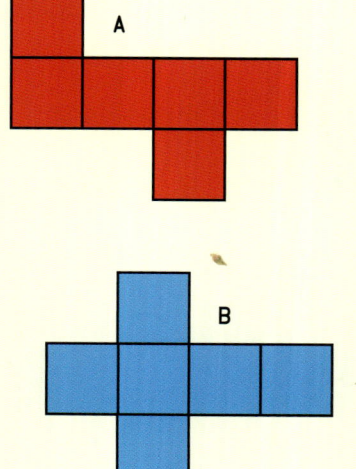
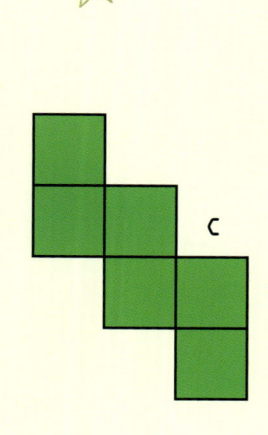
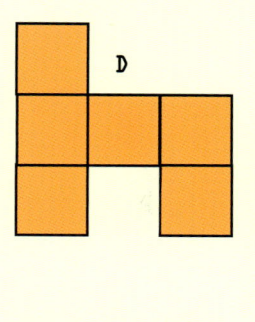

Würfel falten
So sehen dreidimensionale Körper aus, wenn man sie flach ausbreitet. Hier siehst du die Gittermuster von sechs Würfeln – oder etwa doch nicht? Eines von ihnen ergibt keinen Würfel. Findest du es?

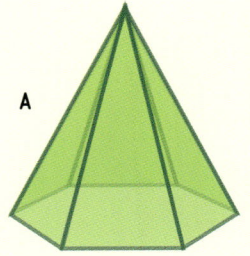
A
Sechseckige Pyramide

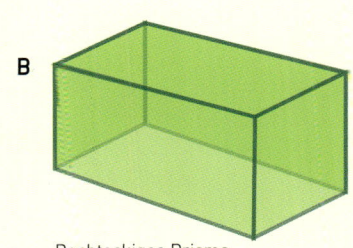
B
Rechteckiges Prisma

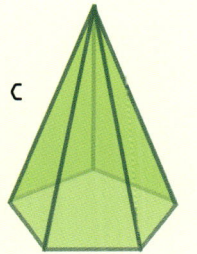
C
Fünfeckige Pyramide

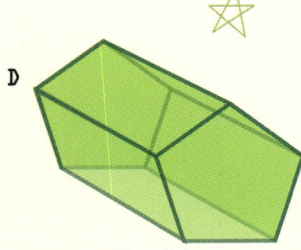
D
Fünfeckiges Prisma

Fläche gesucht
Jeder dieser Körper besteht aus unterschiedlichen Flächen. Deine Aufgabe ist es, die sieben Körper so aneinanderzureihen, dass sie jeweils eine gemeinsame Fläche haben. So kann z. B. auf den Würfel eine quadratische Pyramide folgen, weil beide eine quadratische Fläche besitzen. Die Flächen müssen dabei nicht die gleiche Größe haben.

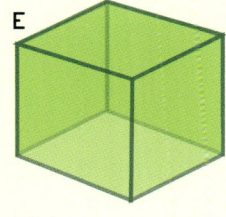
E
Würfel

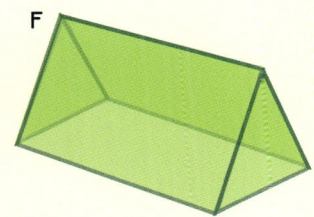
F
Dreieckiges Prisma

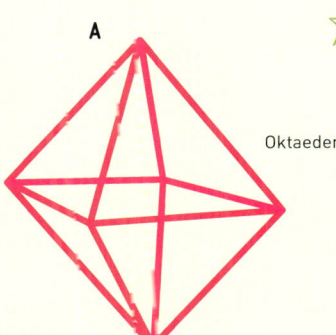
G
Quadratische Pyramide

Immer der Linie nach
Kannst du den Linien dieser Körper folgen, ohne dieselbe Linie zweimal nachzuzeichnen? Versuche die Formen zu zeichnen, ohne den Stift abzusetzen. Das funktioniert nur bei einer Form, aber welche ist es? Kannst du erklären, warum das so ist?

A
Oktaeder

B
Würfel

C
Tetraeder

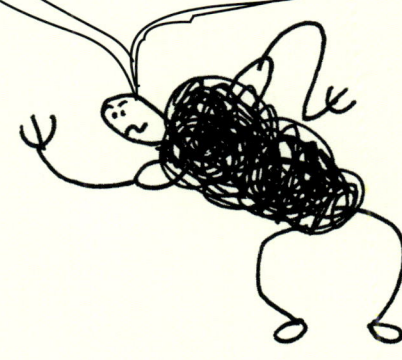

Wusstest du, dass die Ringform eines Donuts in der Mathematik als Torus bezeichnet wird?

Bausteine
Kannst du dir räumlich vorstellen, wie viele solche kleinen rosaroten Würfel in jeden der größeren Körper A und B passen? Wenn der rosarote Würfel 1 Kubikzentimeter (1 cm³) groß ist, wie groß ist dann das Volumen der beiden Körper?

Dieser Würfel ist 1 cm³ groß.

A

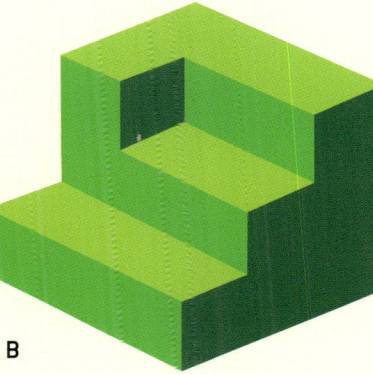
B

81

TIPPS UND TRICKS

SPASS MIT 3-D

Erprobe die unglaubliche Stärke der eiförmigen Kuppel und verwandle zweidimensionale Papierblätter mit nur wenigen Schnitten und Falten in dreidimensionale Körper.

Harte Eier
Die Kuppel ist bei Architekten so beliebt, weil sie ein erstaunliches Gewicht tragen kann, wie dieses Eier-Experiment zeigt.

Du brauchst:
- vier Eier
- Klebeband
- Bleistift
- Schere
- einen Stapel schwere Bücher

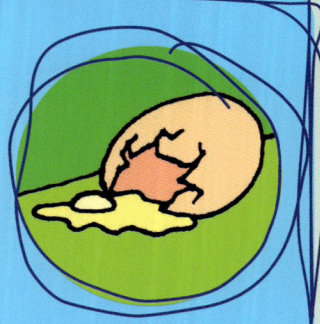

Schritt 1
Schlage das spitze Ende eines Eis vorsichtig auf den Tisch, um die Schale zu knacken. Der Rest des Eis muss heil bleiben. Schütte den Inhalt aus dem Ei in eine Schüssel.

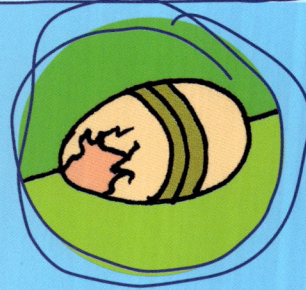

Schritt 2
Wickle Klebeband um die Mitte des Eis. Zeichne eine Linie um die dickste Stelle und stich das Ei mit der Schere rundum ein.

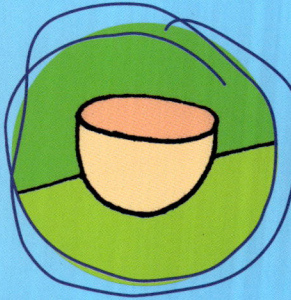

Schritt 3
Brich die Schale vorsichtig bis zur Linie ab und schneide dann den Rand mit der Schere gerade ab. Wenn du die Schale unterhalb der Linie beschädigst, nimm ein neues Ei. Bereite so vier Eier vor.

Schritt 4
Setze die vier Eier auf die Ecken einer rechteckigen Fläche. Lege vorsichtig einen schweren Bücherstapel darauf. Wie viele Bücher kannst du aufstapeln, bis die Schale bricht?

Tetraeder-Trick
So machst du aus einem Umschlag ein Tetraeder:

Du brauchst:
- Briefumschlag
- Bleistift
- Schere
- Klebeband

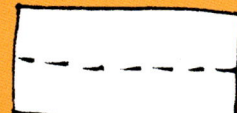

Schritt 1
Klebe den Umschlag zu und falte ihn längs, sodass in der Mitte eine Falte entsteht.

Schritt 2
Falte eine Ecke bis zur Mittelfalte um. Markiere den Punkt mit dem Bleistift.

Schritt 3
Klappe die Ecke auf, zeichne eine Senkrechte durch den Punkt, schneide entlang der Linie.

Offene Seite

Schritt 4
Falte den kleineren Teil von der Markierung aus zu jeder der Ecken hin und presse die Falten von beiden Seiten fest.

Schritt 5
Schiebe die Hand in die offene Seite und falte das Tetraeder auf. Klebe die offenen Kanten zusammen.

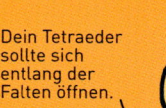

Dein Tetraeder sollte sich entlang der Falten öffnen.

Würfel falten

So verwandelst du ein Blatt Papier in einen stabilen Würfel. Wenn du Wasser in das Loch auf der Oberseite füllst, hast du eine schöne Wasserbombe!

Du brauchst:
- Bleistift
- quadratisches Papier

Schritt 1
Falte das Papier entlang beider Diagonalen. Falte es wieder auf und drehe es um.

Schritt 2
Falte das Papier entlang der beiden Horizontalen und beschrifte es wie hier gezeigt.

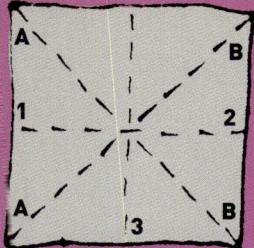

Schritt 3
Falte die Punkte „1" und „2" auf „3", „A" auf „A" und „B" auf „B", sodass ein Dreieck entsteht.

Sauber zu einem Dreieck falten.

Schritt 4
Falte die beiden Außenspitzen auf die obere Spitze.

Die Ecken und Kanten müssen bündig liegen.

Schritt 5
Drehe das Modell um und wiederhole Schritt 4.

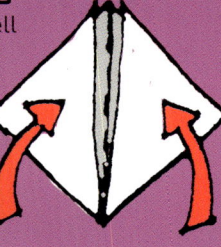

Schritt 6
Falte die seitlichen Ecken zur Mitte.

Schritt 7
Falte die oberen Kanten nach unten und stecke sie in die dreieckigen Taschen. Wiederhole Schritt 6 und 7 auf der Rückseite.

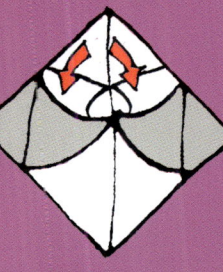

Schritt 8
Ziehe die Ecken vorsichtig nach außen und blase den Würfel durch das Loch auf der Oberseite auf.

Sobald du hineinbläst, faltet sich der Würfel auf.

Durch Papier steigen

Deine Freunde werden nicht glauben, dass du durch ein Blatt Papier steigen kannst. Hier ist der Trick ...

Du brauchst:
- Bleistift
- DIN-A4-Blatt
- Schere

Schritt 1
Zeichne dieses Muster auf ein Blatt Papier und schneide entlang der Linien.

Schritt 2
Ziehe das Papier vorsichtig auseinander. Du erhältst ein großes Loch und kannst ganz bequem hindurchsteigen!

Leonhard Euler

Leonhard Euler war ein wirklich außergewöhnlicher Mann, der sich in vielen Bereichen der Mathematik und Physik auskannte. Er entwickelte neue Ideen, mit denen unter anderem die Bewegung verschiedener Dinge, von Segelschiffen bis hin zu Planeten, erklärt wurden. Euler hatte die Gabe, die Lösung von Problemen zu „sehen". Zu Lebzeiten veröffentlichte er mehr Arbeiten zur Mathematik als jeder andere und konnte zudem ein Gedicht mit 10 000 Zeilen aus dem Gedächtnis aufsagen.

Die Akademie der Wissenschaften in St. Petersburg sollte Bildung und Wissenschaft in Russland fördern, damit das Land mit dem Rest Europas mithalten konnte.

Auf nach Russland

Euler wurde 1707 in der Schweiz geboren und widmete sich schon früh der Mathematik. Nach dem Studium in Basel ging er nach Russland an die Akademie der Wissenschaften in St. Petersburg, die drei Jahre zuvor mithilfe des deutschen Mathematikers Gottfried Leibniz gegründet worden war. Nur sechs Jahre nach seiner Ankunft übernahm Euler von Daniel Bernoulli, einem weiteren Schweizer, den Lehrstuhl für Mathematik.

Der Eulersche Polyedersatz

Die alten Griechen entdeckten fünf regelmäßige Körper, die sogenannten platonischen Körper. Zweitausend Jahre später entdeckte Euler eine einfache Regel: Die Zahl der Ecken plus die Zahl der Flächen minus die Zahl der Kanten ist gleich 2.

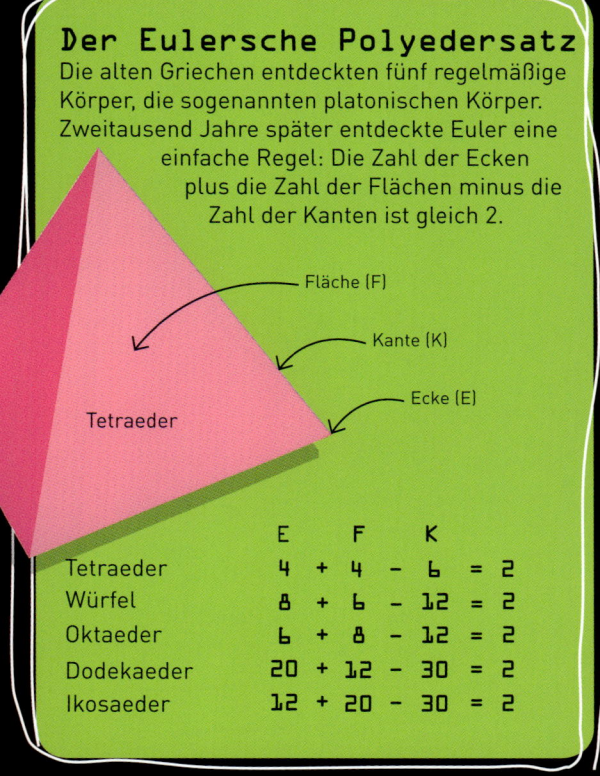

Fläche (F) — Kante (K) — Ecke (E)

Tetraeder

	E		F		K		
Tetraeder	4	+	4	−	6	=	2
Würfel	8	+	6	−	12	=	2
Oktaeder	6	+	8	−	12	=	2
Dodekaeder	20	+	12	−	30	=	2
Ikosaeder	12	+	20	−	30	=	2

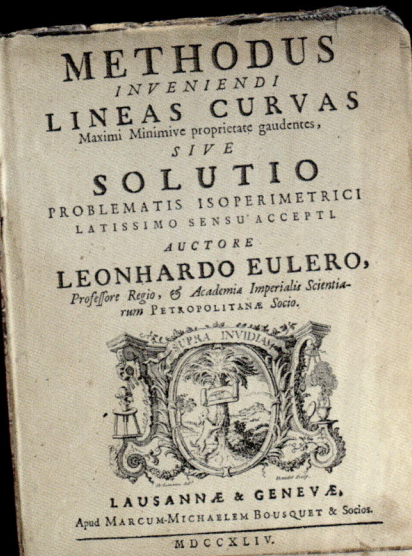

Mathe und Physik

In seinen über 800 Werken zu den verschiedensten Themen löste Euler mithilfe der Mathematik einige physikalische Probleme. Nach seinem Tod dauerte es noch 35 Jahre, bis alle seine Bücher veröffentlicht waren. Euler hat sogar seine eigene Zahl, 2,71818..., die sogenannte Eulersche Zahl, oder auch nur kurz „e".

Euler soll einst einen berühmten Philosophen verärgert haben, indem er die Existenz Gottes mit folgendem Satz „bewies": „Mein Herr, $a + b^n/n = x$, also existiert Gott ..."

In Bewegung
Russland war um 1730 ein gefährliches Pflaster und Euler zog sich in die Welt der Zahlen zurück. 1741 ging er an die Berliner Akademie der Wissenschaften, um sich der Philosophie zu widmen, scheiterte aber spektakulär. Als Zarin Katharina I. von Russland ihm 1766 die Leitung der Akademie in St. Petersburg anbot, nahm er an und blieb bis zu seinem Tod in Russland.

Euler wurde auf dem 10-Franken-Schein der Schweiz und auf vielen schweizerischen, deutschen und russischen Briefmarken verewigt.

Die alte preußische Stadt Königsberg ist heute russisch, heißt Kaliningrad und hat statt sieben nur noch fünf Brücken.

Das Brückenproblem
1735 bot Euler eine Lösung des sogenannten Königsberger Brückenproblems an. Der Fluss Pregel umfloss in Königsberg zwei Inseln, die über sieben Brücken zu erreichen waren. Gab es einen Rundweg, bei dem jede Brücke nur einmal genutzt würde? Statt es auszuprobieren, berechnete Euler die Antwort, die zur Grundlage des neuen mathematischen Gebiets der Graphentheorie wurde. Er fand heraus, dass es einen solchen Weg nicht gibt.

Ein Leben als Genie
Euler war den größten Teil seines Lebens halb blind und verlor sein Augenlicht kurz nach der Rückkehr nach St. Petersburg vollständig. Er war aber ein so genialer Kopfrechner, dass das seine Arbeit nicht behinderte. Mit 60 Jahren wurde er für seine Berechnungen über die Anziehung zwischen Erde, Sonne und Mond ausgezeichnet. An seinem Todestag, dem 18. September 1783, arbeitete er an den Gesetzen der Bewegung von Heißluftballons.

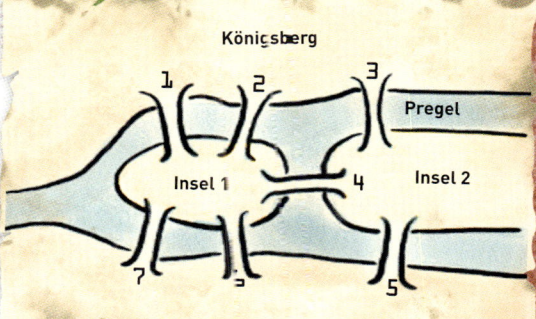

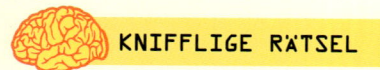

KNIFFLIGE RÄTSEL

Einfache Labyrinthe
Ein einfacher Irrgarten wie dieser, bei dem alle Wände miteinander verbunden sind, ist leicht zu knacken. Man bleibt beim Laufen schlicht mit einer Hand an der Wand. Dabei spielt es keine Rolle, welche Wand, solange man nicht wechselt. Vielleicht findet man so nicht die schnellste Route, aber man kommt auf jeden Fall zum Ausgang.

Das größte Labyrinth der Welt eröffnete 2012 im italienischen Fontanellato. Die Anlage aus Bambushecken beruht auf Darstellungen römischer Mosaiken.

IRRE GÄRTEN

Labyrinthe haben die Menschen schon immer fasziniert. Sehr berühmt ist beispielsweise das sagenhafte Labyrinth von Kreta, in dem König Minos den Minotaurus einsperrte. Vor allem Mathematiker erforschen gern Labyrinthe, um sich an der Lösung schwieriger Probleme zu üben – und natürlich auch aus Spaß.

Komplexe Labyrinthe
Labyrinthe wie dieses, bei denen die Wände nicht miteinander verbunden sind, lassen sich nicht mit der Eine-Hand-Methode (siehe oben) lösen. Man würde nur im Kreis laufen. Stattdessen muss man sich den Weg einprägen oder eine Spur legen, damit man sieht, wo man schon gewesen ist.

Selbst gemachtes Labyrinth

Das vor über 3200 Jahren gebaute kretische Labyrinth war ein einfaches Netz mit nur einem möglichen Pfad. Man kann sich darin zwar nicht verlaufen, aber man weiß nie, was hinter der nächsten Ecke liegt. So kannst du es zeichnen:

Schritt 1
Zeichne ein Kreuz mit vier Punkten zwischen den Armen. Verbinde dann die Spitze des Kreuzes mit dem Punkt links oben.

Schritt 2
Verbinde den Punkt rechts oben mit dem rechten Arm, indem du die Linie aus Schritt 1 umrundest.

Schritt 3
Verbinde den linken Arm mit dem Punkt links unten, indem du den Punkt rechts unten umrundest und alle anderen Linien einschließt.

Schritt 4
Verbinde den letzten Punkt mit dem Fuß des Kreuzes und schließe dabei alle anderen Linien ein – fertig!

Labyrinthe als Netze

Ein komplexes Labyrinth lässt sich in ein ganz einfaches Netzwerk verwandeln. Wenn du nur die Kreuzungspunkte und Sackgassen markierst und diese mit kurzen Linien verbindest, findest du den direkten Weg zum Ausgang.

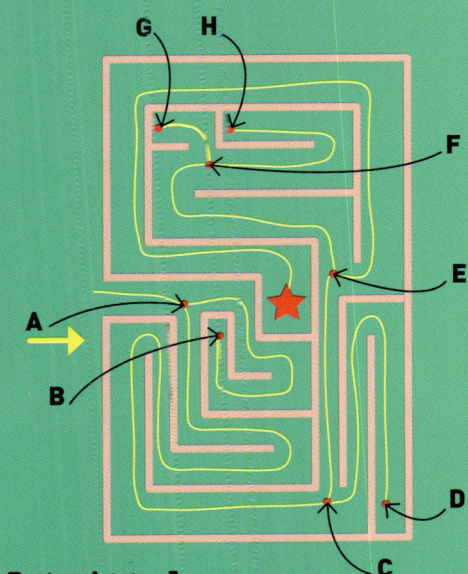

Schritt 1
Markiere jede Kreuzung und jede Sackgasse und bezeichne sie mit Buchstaben, wie oben gezeigt. Die Reihenfolge der Buchstaben spielt keine Rolle. Verbinde die Punkte durch Linien, sodass du alle möglichen Wege siehst.

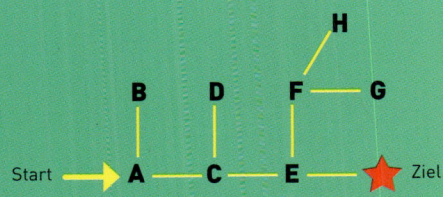

Schritt 2
Schreibe die Buchstaben auf und verbinde sie mit kurzen Linien zu einem vereinfachten Diagramm des Labyrinths. So werden z. B. Pläne von U-Bahnlinien gezeichnet, weil das die Planung sehr erleichtert.

Verschlungene Wege

Von oben erinnert dieses verwirrende Puzzle an ein 3-D-Labyrinth. Die Wege führen wie Brücken und Tunnel über- und untereinander hindurch. Es endet zwar kein Weg unter oder über einem anderen, aber man muss trotzdem auf Sackgassen in den anderen Bereichen aufpassen.

Elektronische Netzwerke

Netzdiagramme sind sehr vielseitig. So kommt es bei einem Schaltkreis einzig darauf an, dass alle Bauteile richtig miteinander verbunden sind. Ein Netzdiagramm der Schaltung ist viel einfacher zu zeichnen und zu überprüfen als ein Diagramm, das die tatsächliche Lage der Teile zeigt.

KNIFFLIGE RÄTSEL

Perspektiven
Wenn wir einen Weg entlangblicken, der in die Ferne führt, erwarten wir, dass weiter entfernte Menschen und Dinge kleiner wirken. Bei diesem Bild hält dein Gehirn daher die am weitesten entfernte Person für wesentlich größer als die anderen. Tatsächlich aber sind alle drei Figuren gleich groß.

OPTISCHE TÄUSCHUNGEN

Das Gehirn versucht, anhand der Sinneseindrücke unserer Augen zu bestimmen, was wir sehen. Es nutzt alle möglichen Informationen wie Formen und Farben. Durch Bilder mit irreführenden Informationen lässt sich das Gehirn austricksen.

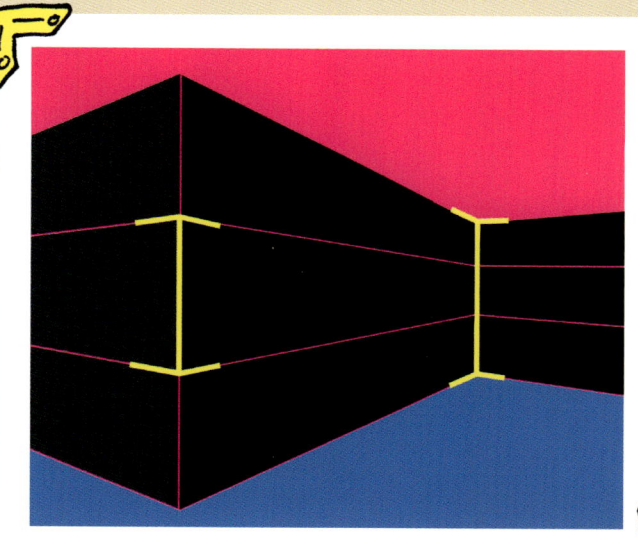

Achtung, Lücke!
Wir sehen Gegenstände selten ganz vollständig, meist sind einzelne Teile verdeckt. In diesen Fällen rät das Gehirn einfach und füllt die Lücken aus. Hier führt das dazu, dass wir ein weißes Dreieck sehen, das in Wirklichkeit gar nicht da ist.

Größer oder kleiner?
Das Gehirn versucht, Formen zu erkennen. Im Bild oben glaubt es, dass du drei rechtwinklige Wandabschnitte aus einem Winkel heraus betrachtest. Mit der Wand als Anhaltspunkt muss der gelbe Strich rechts doch eigentlich weiter weg sein als der linke. Er muss auch länger sein, da er ja die ganze Höhe der Wand einnimmt. Dann miss doch einfach einmal nach ...

Jung oder alt?

Das Gehirn kann gar nicht anders, als ein Bild zu interpretieren. Hier gibt es gleich viele Hinweise auf eine alte wie auch auf eine junge Frau. Das hängt ganz davon ab, wo du hinsiehst. Konzentrierst du dich auf die Mitte, siehst du das Auge der alten Frau, blickst du dagegen nach links, wird aus dem Auge plötzlich das Ohr der jungen Frau.

Wellenlinien

Ob du es glaubst oder nicht, alle Linien in dem Bild unten sind gerade. Dein Gehirn meint nur, Wellenlinien zu sehen, weil es sich von den winzigen schwarzen und weißen Quadraten in den Ecken der größeren Quadrate täuschen lässt.

Farbverwirrung

Unser Gehirn passt unsere Wahrnehmung von Farben den unterschiedlichen Lichtverhältnissen an, da es aus Erfahrung „weiß", dass sich die Farben selbst nicht verändern. Hier sieht es Quadrat B und sagt dir, dass es hellgrau ist, aber im Schatten liegt. Dabei hat es in Wirklichkeit die gleiche Farbe wie Quadrat A!

KNIFFLIGE RÄTSEL

UNMÖGLICHE FIGUREN

Wenn wir einen Gegenstand betrachten, nehmen wir zwei zweidimensionale Bilder wahr, die das Gehirn zu einem räumlichen Bild kombiniert. Manchmal können die zweidimensionalen Bilder das Gehirn aber so sehr verwirren, dass wir Dinge „sehen", die es unmöglich geben kann.

Verrückter Zaun
Decke erst den einen, dann den anderen Pfosten ab. Einzeln für sich ergeben beide Bilder einen Sinn. Betrachtet man aber das Gesamtbild, kann es diesen Zaun unmöglich geben. Solche Illusionen entstehen durch die Kombination zweier Bilder, die aus unterschiedlichen Winkeln dargestellt sind.

Das internationale Symbol für Recycling, ein endloser Kreislauf, beruht auf dem Möbiusband.

Das Penrose-Dreieck
Das Penrose-Dreieck ist nach dem Physiker Roger Penrose benannt, der es berühmt gemacht hat. Deckt man eine beliebige Seite ab, sieht das Dreieck ganz normal aus, sieht man aber alle drei Seiten zusammen, ergibt es keinen Sinn mehr.

Irre Kiste
Manchmal lässt sich eine unmögliche Figur durch eine einfache Veränderung in eine glaubhafte verwandeln. Die Kiste wird absolut logisch, wenn man den senkrechten Balken links neben dem Mann so neu zeichnet, dass er hinter dem oberen waagerechten Balken liegt.

Mathematiker studieren nicht nur echte Körper und Räume. Sie können auch imaginäre Welten erkunden, in denen Raum und Geometrie völlig fremdartig sind.

Unmöglich?
Diese Figur sieht zwar genauso seltsam aus wie die übrigen hier, aber sie ist die einzige, die wirklich existiert – und du musst sie nicht einmal aus einem bestimmten Winkel betrachten. Findest du heraus, wie sie entsteht? Irgendwo auf dieser Seite findest du einen Tipp.

Fantastische Gabel
Verfolgt man die drei Zinken dieser Gabel von unten nach oben, ergeben sie keinen Sinn. Deckt man aber entweder die obere oder die untere Hälfte ab, sieht der Rest ganz normal aus. Die Illusion funktioniert, weil es keinen Hintergrund gibt. Würdest du versuchen, den Hintergrund auszumalen, wärst du schnell komplett verwirrt!

Verrücktes Band
Das 1858 entdeckte Möbiusband ist wirklich außergewöhnlich. Es hat zum Beispiel nur eine Oberfläche und nur eine Kante. Das glaubst du nicht? Bastle dir dein eigenes Band, male mit einem Textmarker an seiner Außenkante entlang und sieh, was passiert.

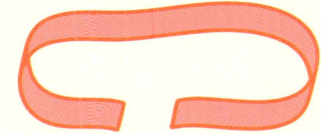

Schritt 1
Du benötigst nur Papier und Leim oder Klebeband. Schneide einen Papierstreifen zu, der etwa 30 cm lang und 3 cm breit ist.

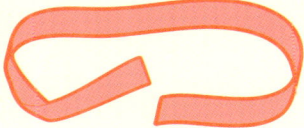

Schritt 2
Drehe ein Ende des Streifens einmal um und klebe dann die beiden Enden des Streifens mit Leim oder Klebeband zusammen.

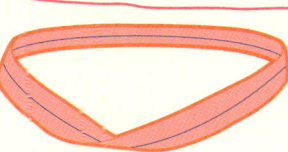

Schritt 3
Um zu überprüfen, ob der Streifen wirklich nur eine Oberfläche hat, zeichnest du nun eine Linie entlang seiner Mitte. Schneide entlang der Linie und lass dich überraschen.

Welt

der Mathematik

INTERESSANTE Zeiten

Jeder weiß, was Zeit ist, aber wer kann sie genau erklären? Wie auch immer – wir nutzen sie bei allem, was wir tun: beim Eierkochen, bei Fahrplänen oder auch um zu wissen, wann ein Fußballspiel vorbei ist. Noch etwas Zeit gefällig?

Wenn du die Datumsgrenze von Westen nach Osten überschreitest, landest du am folgenden Tag.

Die Uhren zeigen, wie viele Stunden die Zeitzonen jeweils vor oder hinter der Greenwich-Zeit liegen.

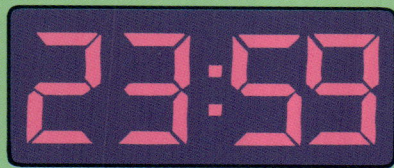

Zeit einteilen
Die Ägypter waren die Ersten, die den Tag in 24 Stunden teilten, aber ihre Stunden waren nicht gleich lang. Damit zwischen Sonnenaufgang und Sonnenuntergang immer zwölf Stunden lagen, waren die Stunden im Sommer tagsüber und im Winter nachts länger.

Quer über die Kontinente
Russland erstreckt sich von Europa bis Asien über insgesamt neun Zeitzonen.

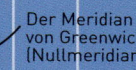

Der Meridian von Greenwich (Nullmeridian)

Die Pole
Die Zeitzonen treffen am Nord- und Südpol zusammen. Läuft man also um den Punkt eines Pols herum, wandert man in wenigen Sekunden durch alle Zeitzonen.

Zeitspannen
• Jahrtausend (1000 Jahre)
• Jahrhundert (100 Jahre)
• Jahrzehnt (10 Jahre)
• Schaltjahr (366 Tage)
• Jahr (365 Tage)
• Monat (28, 29, 30 oder 31 Tage)
• Mondmonat (29,5 Tage)
• Woche (7 Tage)
• Tag (24 Stunden)
• Stunde (60 Minuten)
• Minute (60 Sekunden)
• Sekunde (die Basiseinheit der Zeit)
• Millisekunde (ein Tausendstel einer Sekunde)
• Mikrosekunde (ein Millionstel einer Sekunde)
• Nanosekunde (ein Milliardstel einer Sekunde)

Natürliche Einheiten
Wir messen die Zeit zwar in Sekunden, aber wir nutzen auch den Rhythmus der Natur, um sie einzuteilen:

• An einem Tag dreht sich die Erde einmal um ihre Achse.
• In einem Monat umkreist der Mond einmal die Erde.
• In einem Jahr umkreist die Erde einmal die Sonne.

Die Zeitzonen

Die Welt ist in 24 Zeitzonen unterteilt. Die Zeit wird in Stunden vor oder nach der Greenwich-Zeit (am Nullmeridian) gemessen. Der Nullmeridian (oder Greenwich-Meridian) ist eine gedachte Linie vom Nordpol bis zum Südpol, die durch Greenwich bei London (England) verläuft. Auf der gegenüberliegenden Erdseite, beim 180. Längengrad, liegt die Datumsgrenze, die zwei Kalendertage trennt.

Datumsgrenze

Zeitreise
Der Inselstaat Westsamoa wechselte 2011 auf die Westseite der Datumsgrenze. Dadurch wurde dort der 30. Dezember 2011 komplett übersprungen!

Genauer geht's nicht!

Die meisten modernen Uhren haben einen Quarzkristall, der regelmäßige elektrische Impulse aussendet, die die Zeit steuern. Sie gehen auf ein paar Sekunden im Jahr genau. Die genauesten Uhren sind Atomuhren, die sich nach den Lichtwellen von Metallatomen richten und in 1 Milliarde Jahren nicht einmal 1 Sekunde nachgehen.

Lichtjahre

Ein Lichtjahr ist keine Zeiteinheit, sondern ein Maß für Entfernungen. Es beschreibt die Distanz, die das Licht in einem Jahr zurücklegt, also etwa 9,46 Billionen Kilometer.

> Wenn sich die Körpertemperatur erhöht, z. B. weil wir Fieber haben, läuft unsere innere Uhr schneller.

PROBIER'S AUS

Die innere Uhr

Menschen haben ein Gespür für Zeit, eine „innere Uhr". Sie wird durch den Wechsel von Licht und Dunkelheit gesteuert. Wenn wir also mit dem Flugzeug durch mehrere Zeitzonen reisen, ist unser Körper verwirrt und wir leiden an Jetlag. Teste doch einmal deine innere Uhr. Stelle beim Schlafengehen nicht den Wecker, sondern konzentriere dich darauf, zu einer bestimmten Uhrzeit wach zu werden. Dann sieh beim Aufwachen auf die Uhr. Wahrscheinlich wachst du zur richtigen Zeit auf.

KARTEN

Karten stellen bestimmte Informationen als Bilder oder Formen dar. Am häufigsten nutzen wir Landkarten. Auf ihnen sind Straßen, Städte und Landschaften als Farben, Wörter und Symbole eingezeichnet. Landkarten sind normalerweise „maßstabsgetreu". Das bedeutet, ein festgelegter Abstand auf der Karte entspricht einer bestimmten Strecke in der realen Welt.

Höhenlinien

Eine Karte ist flach, ein Berg ist es nicht. Wie kommt der Berg also auf die Karte? Die Antwort lautet: in Form von Höhenlinien. Sie verbinden alle Punkte, die auf der gleichen Höhe über dem Meeresspiegel liegen. Die erste Höhenlinie folgt beispielsweise einer Höhe von 10m, die nächste geht durch alle Punkte, die 15m hoch liegen, und so weiter.

Alles auf die Karte

Auf Karten sind Informationen bildlich dargestellt, sodass wir sie leichter verstehen. Es gibt Karten von allen möglichen Dingen und nicht alle sind maßstabsgetreu – U-Bahnpläne sind es z. B. nicht. In einem Flussdiagramm lässt sich z. B. darstellen, wie alle Teile eines Autos der Reihe nach montiert werden, und Gedankenlandkarten (Mind Maps) zeigen unsere Gedankensprünge auf der Suche nach Ideen.

Selbst auf maßstabsgetreuen Karten werden manche Dinge, z.B. Straßen, oft breiter eingezeichnet, damit man sie besser erkennt.

Wo liegt denn das?

Landkarten werden mit einem Gitternetz aus Linien versehen. Sie laufen von Westen nach Osten (horizontal) und von Norden nach Süden (vertikal). Planquadrate, die mit Buchstaben und Zahlen bilden geben und finden. Der Parkplatz markiert z. B. im Planquadrat U5.

PROBIER'S AUS

Kartensuche
Finde heraus, in welchen Planquadraten auf dieser Karte die Kirche und der Campingplatz liegen.

Maßstäbe verstehen

Eine Landkarte ist die bildliche Darstellung einer Region. Daher sollten Orte auch an der richtigen Stelle und im richtigen Abstand zueinander liegen. Praktisch ist eine Karte aber nur, wenn sie klein genug ist, also muss sie maßstabsgetreu verkleinert werden. Alles wird nach einem bestimmten Maßstab kleiner gemacht. Bei üblichen Straßenkarten entspricht 1 Zentimeter auf der Karte 1 Kilometer in der Landschaft. Die Maßstabsangabe lautet also 1:100 000.

Maßstab 1:100 000

Navigationssysteme

Kartenlesen ist manchmal schwierig, aber ein Navigationsgerät kann dir helfen. Es bestimmt deinen Standort mithilfe von Satellitensignalen des GPS (Global Positioning System) und zeigt ihn auf einer Karte. Außerdem kann es dir zeigen, welchen Weg du nehmen musst.

Höhenlinien

Isaac Newton

Die Einheit für Kraft, das Newton, ist nach dem britischen Wissenschaftler benannt.

Newton wuchs auf Woolsthorpe Manor in der englischen Grafschaft Lincolnshire auf. Die Idee der Schwerkraft kam ihm angeblich, als er einen Apfel vom Baum fallen sah.

Heutige Wissenschaftler arbeiten immer mit Mathematik, wenn sie Probleme lösen oder neue Theorien vorschlagen, doch der Erste, der dies konsequent tat, war Isaac Newton. Seine Bücher über Bewegung und Optik (die Lehre vom Licht) revolutionierten die Wissenschaft, da sie zeigten, dass sich das Universum mithilfe der Mathematik beschreiben lässt.

Kindheit und Jugend
Newton wurde kurz nach dem Tod seines Vaters 1643 geboren. Niemand glaubte, dass der sehr kleine, kränkliche Säugling lange überleben würde. Als er drei Jahre alt war, heiratete seine Mutter erneut und er blieb bei den Großeltern. Mit 18 Jahren ging er an die Universität Cambridge, die aber 1665 wegen der Pest geschlossen wurde. So schrieb er während der nächsten beiden Jahre zu Hause einige seiner wichtigsten Arbeiten.

Als Newton Licht durch ein Prisma (einen dreieckigen Glaskörper) fallen ließ, entdeckte er, dass das weiße Licht aus allen Farben des Regenbogens besteht.

Ein Blick ins Licht
Newton erforschte die Eigenschaften des Lichts und entdeckte viele Gesetze der Optik. 1671 baute er sein erstes Spiegelteleskop. Es hatte einen gewölbten Spiegel, der Sterne und Planeten näher und heller erscheinen ließ. Dasselbe System wird noch heute für die großen Teleskope genutzt.

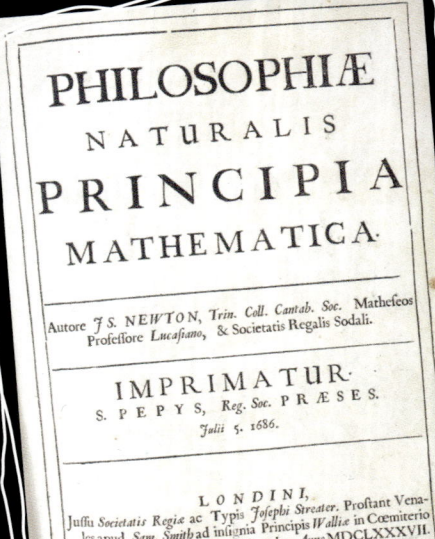

Bahnbrechende Forschung
In einem Gedankenaustausch mit Newton zum Thema Kometen stellte der Astronom Edmond Halley fest, dass Newton bereits deren Bahnen und viele andere Phänomene im Universum berechnen konnte. Er überzeugte Newton, ein Buch über Bewegung zu schreiben und finanzierte 1687 die Veröffentlichung von Newtons berühmtem Buch *Mathematische Grundlagen der Naturphilosophie* (Physik).

Vielschichtiger Charakter

Newton war ein Genie. Er entdeckte nicht nur zahlreiche Gesetze der Physik, sondern begründete unter anderem auch einen neuen Zweig der Mathematik, die Infinitesimalrechnung (die heute zur Analysis gehört). Außerdem beschäftigte er sich mit Alchemie, also dem Versuch, Gold herzustellen. Er konnte sehr unversöhnlich sein. Sein Leben lang stritt er sich mit dem britischen Wissenschaftler Robert Hooke über die Lehre der Optik, und mit dem deutschen Mathematiker Gottfried Wilhelm Leibniz stand er im Wettstreit darum, wer von beiden der wahre Begründer der Infinitesimalrechnung sei.

Newton war für seine Zerstreutheit berühmt. Angeblich kochte er eines Tages seine Uhr und hielt dabei das Ei in der Hand!

Als Leiter der Königlichen Münze führte Newton Münzen mit gerästem (gemustertem) Rand ein, die schwerer zu fälschen waren.

Sir Isaac Newton

1696 wurde Newton zum *Warden of the Royal Mint* (Münzwardein), dem Prüfer der Münzen in der Münzstätte, ernannt. Von den wertvollen Silber- und Goldmünzen wurde oft ein wenig abgeschliffen oder sie wurden gleich aus Leichtmetall gefälscht. Newton nutzte seine wissenschaftlichen Kenntnisse und ging entschlossen gegen die Falschmünzer vor. Dazu gab er sich einmal sogar selbst als Fälscher aus. 1705 wurde er von Königin Anne zum Ritter geschlagen. Als der große Wissenschaftler 1727 starb, wurde er in der Westminster Abbey in London zwischen Englands Königinnen und Königen begraben.

Das Gravitationsgesetz

Newton studierte die Werke des italienischen Forschers Galileo Galilei und des deutschen Astronomen Johannes Kepler. Dabei erkannte er, dass es im gesamten Universum eine Art von Anziehungskraft gibt, die Gravitation. Je größer die Masse eines Gegenstands (m), desto stärker ist seine Anziehungskraft (F). Mit steigender Distanz (r) lässt sie aber nach. Er fand sogar eine Möglichkeit, die Kraft (F) zwischen zwei Objekten (m_1 und m_2) mithilfe der Gravitationskonstante (G) zu berechnen:

$$F = G \frac{m_1 \cdot m_2}{r^2}$$

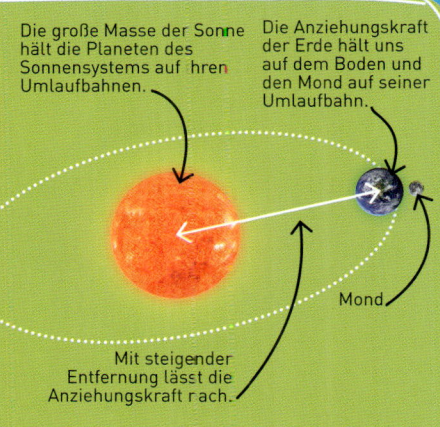

Die große Masse der Sonne hält die Planeten des Sonnensystems auf ihren Umlaufbahnen.

Die Anziehungskraft der Erde hält uns auf dem Boden und den Mond auf seiner Umlaufbahn.

Mit steigender Entfernung lässt die Anziehungskraft nach.

Mond

WAHRSCHEINLICHKEIT

Die Wahrscheinlichkeitstheorie berechnet, wie wahrscheinlich es ist, dass ein Ereignis eintritt. Die Wahrscheinlichkeit wird in Werten zwischen 0 und 1 ausgedrückt. 0 bedeutet, dass etwas auf keinen Fall passieren wird, 1 heißt, dass etwas ganz sicher geschieht. Alle Werte dazwischen werden als Brüche oder Prozentanteile von 1 ausgedrückt und gelten für Dinge, die vielleicht passieren.

Wie stehen die Chancen?
Chancen zu berechnen ist relativ einfach. Zuerst muss man die möglichen Endergebnisse zählen. Die Chancen, beim Würfeln eine 4 zu bekommen, stehen 1 zu 6 (1:6), weil der Würfel sechs Seiten hat und nur auf einer die 4 steht. Die Chancen, eine ungerade Zahl (1, 3 oder 5) zu würfeln, stehen dagegen 1 zu 2 (3:6 = 1:2) oder 50 %.

Chancen addieren ...
Die Chance, dass eine Münze auf Kopf landet, ist 1:2 (1 zu 2). Die Chancen für erst Kopf, dann Zahl stehen 1:2 · 1:2 = 1:4. Die Chancen für zweimal Kopf (oder kürzer KK) stehen ebenfalls 1:4. Die Chancen auf dreimal hintereinander Zahl (ZZZ) sind 1:2 · 1:2 · 1:2 = 1:8.

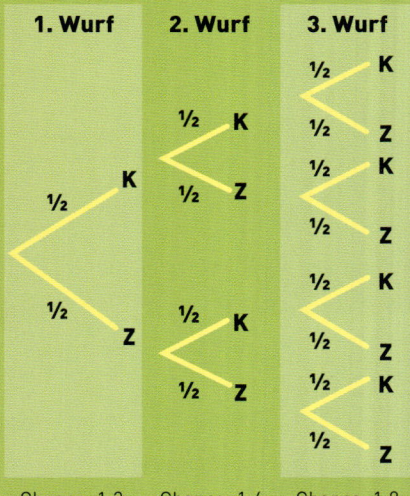

... oder besser nicht!
Natürlich denken wir, dass es nach viermal Kopf doch wahrscheinlicher sein müsste, dass endlich die Zahl kommt. Aber die Wahrscheinlichkeit ist immer wieder gleich: Die Chance für KKKKZ ist ½ · ½ · ½ · ½ · ½ = ¹/₃₂, und die Wahrscheinlichkeit für KKKKK ist exakt gleich hoch.

Absolutes Chaos
Manche Dinge, wie etwa der Lauf einer Flipperkugel, sind praktisch unmöglich zu berechnen. Jede Kugel läuft ein wenig anders. Schon die kleinste Veränderung in der Startposition der Kugel oder in der Stärke des Abstoßes verändern die Art und Weise, wie sie unterwegs von den Hindernissen abprallt, ganz enorm. Ein solches unvorhersehbares Verhalten nennt man „chaotisch".

Das Haus gewinnt immer

Hast du schon einmal darüber nachgedacht, wie Spielkasinos Geld verdienen? Sie sorgen einfach dafür, dass ihre Gewinnchancen besser sind als die der Besucher. Das Kasino sorgt für einen statistischen Vorteil des „Hauses" (des Kasinos), sodass es öfter gewinnt als verliert. Wenn du beim Roulette auf eine Zahl setzt, stehen deine Chancen 1:36. Aber das Rouletterad hat auch eine 37. Tasche für die Null. Die sorgt letztendlich für den Vorteil des Kasinos. Das Haus gewinnt auf jeden Fall öfter als es verliert, da es bei null niemandem Geld auszahlen muss.

Die Chance, dass ein gemischtes Kartenspiel in der richtigen Reihenfolge liegt, ist geringer als eins zu einer Dezillion (1 mit 60 Nullen).

Vorhersagen

Mit der Wahrscheinlichkeitsrechnung lässt sich vorhersagen, was wahrscheinlich passieren wird. Stell dir vor, du hast in einem großen Sack fünf rote, sechs blaue und sieben gelbe Bälle. Welche Farbe wirst du wahrscheinlich beim Hineingreifen erwischen: Rot, Blau oder Gelb? Die Antwort ist Gelb, da am meisten gelbe Bälle im Sack sind. Die Chancen für einen gelben Ball stehen also am besten. Solche Vorhersagen sind aber nicht immer korrekt. Du könntest auch einen blauen oder roten Ball erwischen – es ist nur unwahrscheinlicher.

PROBIER'S AUS

Was ist wahrscheinlicher?

Manchmal spielt uns unser Denken einen Streich und lässt sich durch Dinge beeinflussen, die gar nicht wirklich stimmen. Filme und Bücher haben uns beispielsweise eingeredet, dass Haie für den Menschen gefährlich sind. In Wahrheit werden viel mehr Menschen von Flusspferden getötet als von Haien. Versuche, die folgenden Todesursachen ihrer Wahrscheinlichkeit nach zu ordnen:

- Computerspielsucht
- Schlangenbiss
- Flusspferdangriff
- Zusammenstoß mit einem Laternenpfahl
- Sturz in ein Gullyloch
- Fußballspielen
- Meteoriteneinschlag
- Blitzschlag
- Fallende Kokosnuss
- Haiangriff

TIPPS UND TRICKS

DATEN DARSTELLEN

Wenn wir wissen möchten, was in der Welt vorgeht, benötigen wir Informationen, also Daten. Sie kommen oft in Form von Zahlen daher, die uns erst einmal nicht viel sagen. Wir müssen sie anders darstellen, damit wir ihre Bedeutung verstehen können. Hier findest du die neuesten Daten zu den Aktivitäten einiger Superhelden …

Verbrechensstatistik
Manchmal können Superhelden sich schwer entscheiden, welchen Bösewicht sie zuerst jagen sollen. Eine einfache Strichliste zeigt aber, wer die größte Bedrohung ist:

Numero

~~~~ ~~~~ ~~~~ ~~~~ |||

Der Große Pi

~~~~ ~~~~ ||||

Klare Grafik
Ein Liniendiagramm zeigt eine Entwicklung über einen Zeitraum – wie etwa die Zahl der Verbrechen in einem Jahr. So erkennt man leicht, wann die Bösewichte in der Stadt waren. Ist ein Muster erkennbar, erleichtert das die Arbeit der Superhelden!

Die höchste Anzahl von Verbrechen gab es während eines Gefängnisausbruchs.

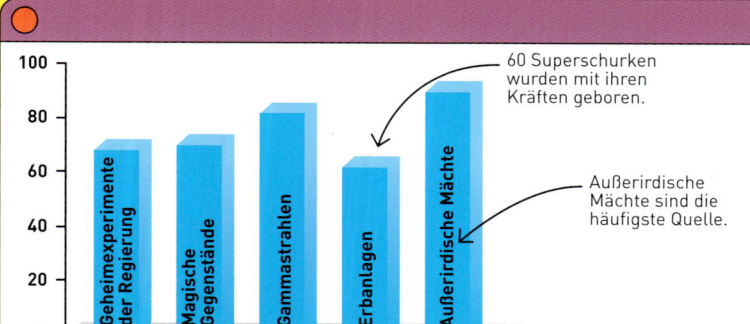

60 Superschurken wurden mit ihren Kräften geboren.

Außerirdische Mächte sind die häufigste Quelle.

Auf festen Säulen
Wenn man weiß, woher die Bösewichte ihre Kräfte beziehen, kann man dieses Wissen nutzen, um sie zu bekämpfen. In diesem Säulendiagramm zeigt die Höhe einer Säule, wie viele Superschurken jeweils von den verschiedenen Kraftquellen versorgt werden. So sind sie auf einen Blick vergleichbar.

Tabelle gefällig?

Name	Geheimidentität	Helfer	Held / Schurke	Erzfeind
Mathematrix	Ja	Ja	Held	Numero
Kalkulatron	Nein	Nein	Held	Keiner
Dimensiono	Nein	Ja	Held	Keiner
Numero	Ja	Nein	Schurke	Mathematrix
Der Große Pi	Ja	Ja	Schurke	Keiner

Es kann praktisch sein, alle Fakten über Superschurken und andere Helden zu kennen. Eine einfache Tabelle ist da hilfreich, weil sie verschiedene Fakten klar und übersichtlich darstellt.

Ein Stück Torte

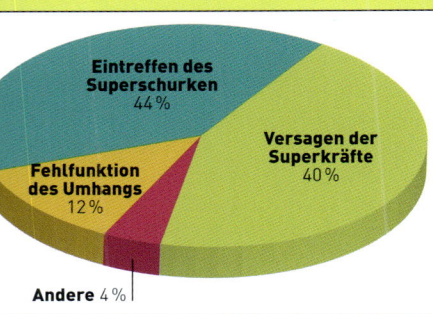

Selbst Superhelden machen manchmal Fehler. Aber was genau ist passiert? Ein Kuchendiagramm wie dieses zeigt schnell, welche Gründe am schwersten wiegen. Der gesamte Kuchen zeigt alle Fehlerquellen, also 100 %.

- Eintreffen des Superschurken 44 %
- Versagen der Superkräfte 40 %
- Fehlfunktion des Umhangs 12 %
- Andere 4 %

Wer kann was?

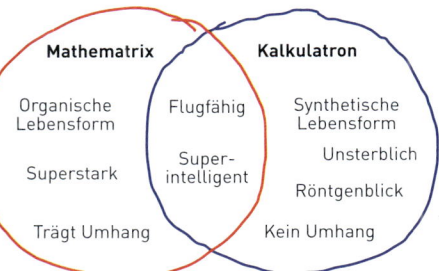

Wenn du ein Team aus Superhelden zusammenstellen willst, brauchst du verschiedene Talente. Ein Mengendiagramm ist ideal geeignet, um die Eigenschaften einzelner Helden zu vergleichen und Überschneidungen zu finden.

Abgehakt

Wenn du noch andere Superhelden anheuern willst, musst du entscheiden, welche Eigenschaften sie mitbringen sollen. Mit einer einfachen Liste kannst du überprüfen, ob sie die richtigen Voraussetzungen haben.

- Flugfähig
- Superstark
- Unsichtbar
- Telekinese
- Superintelligent
- Übernatürliche Kräfte

Mach dir ein Bild

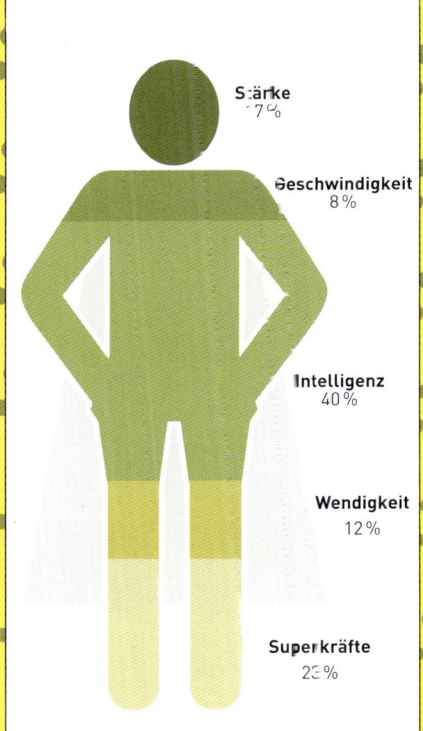

- Stärke 7 %
- Geschwindigkeit 8 %
- Intelligenz 40 %
- Wendigkeit 12 %
- Superkräfte 23 %

Ein Piktogramm ist hilfreich, wenn du dir die Eigenschaften eines Superhelden vor Augen führen willst. Du siehst sofort, ob er hat, was du brauchst. Das Piktogramm kombiniert mehrere wichtige Informationen. Die Höhe eines Farbbereichs gibt an, wie stark ausgeprägt die Eigenschaft ist

KNIFFLIGE RÄTSEL

LOGIKRÄTSEL
UND PARADOXE

Bei diesen Rätseln musst du auf alle Informationen achten und genau überlegen. In der Mathematik heißt dieses Teilgebiet Logik. Suche die Lösung Schritt für Schritt. Aber Vorsicht: Eines der Rätsel ist ein Paradoxon – etwas, das absurd klingt oder sich scheinbar selbst widerspricht.

Schwarz oder weiß?
Anna, Bea und Klara tragen Hüte und sie wissen, dass ihre Hüte entweder weiß oder schwarz sind. Sie wissen auch, dass nicht alle drei Hüte weiß sind. Anna kann Bea und Klara sehen, Bea kann Anna und Klara sehen, aber Klara trägt eine Augenbinde. Auf die Frage, ob sie wissen, welche Farbe ihr Hut hat, antwortet Anna mit Nein, Bea mit Nein und Klara mit Ja. Welche Farbe hat Klaras Hut und woher weiß sie das?

Logisches Quadrat
Hinter jedem der bunten Quadrate versteckt sich eine Zahl von 1 bis 8. Die Tipps helfen dir zu bestimmen, welche Zahl in welches Kästchen gehört.

• Die Zahlen des dunkelblauen und dunkelgrünen Quadrats ergeben zusammen 3.
• Die Zahl im roten Quadrat ist eine gerade Zahl.
• Die Zahl im roten Quadrat und die Zahl darunter ergeben zusammen 10.
• Die Zahl im hellgrünen Quadrat ist das Doppelte der Zahl im dunkelgrünen Quadrat.
• Die Zahlen der letzten Spalte ergeben zusammen 11 und ihre Differenz ist 1.
• Die Zahl im orangefarbenen Quadrat ist ungerade.
• Die Zahlen im gelben und im hellgrünen Quadrat ergeben zusammen eine der Zahlen der untersten Reihe.

Frisurprobleme
Der Dorffriseur schneidet jedem die Haare, der sie sich nicht selbst schneidet. Aber wer schneidet ihm die Haare?

• Wenn er sie sich selbst schneidet, schneidet er damit jemandem die Haare, der sie sich selbst schneidet.
• Aber er schneidet diesen Leuten nicht die Haare. Also schneidet er sie sich nicht selbst.
• Aber er schneidet doch allen die Haare, die sie sich nicht selbst schneiden.
• Also schneidet er doch sein eigenes Haar ... womit wir wieder am Anfang wären.

Kopfrechnen
Gesucht wird eine vierstellige Zahl: Die erste Ziffer ist ein Drittel der zweiten, die dritte ist die Summe der ersten beiden Ziffern und die vierte das Dreifache der zweiten.

Wem gehört welches Haustier?

Diese vier Freunde haben je ein Haustier: eine Katze, einen Fisch, einen Hund und einen Papagei. Sie heißen Knabberle, Knöpfchen, Schnapp und Goldi. Finde anhand der Aussagen unten heraus, wem welches Haustier gehört und wie es heißt.

Eine Tabelle kann dir helfen, die Lösung zu finden. Schreibe die Namen der Freunde in die erste Spalte und trage die Hinweise in die folgenden Spalten ein.

Verschollen

Es ist ein nebliger Tag und aus der Luft kannst du nur ein paar Flecken blaues Wasser und die Teile von Schiffen ausmachen. Finde den Rest der Segelflotte. Tipp: Rund um die Schiffe ist immer mindestens ein Kästchen freies Wasser.

Segelflotte:

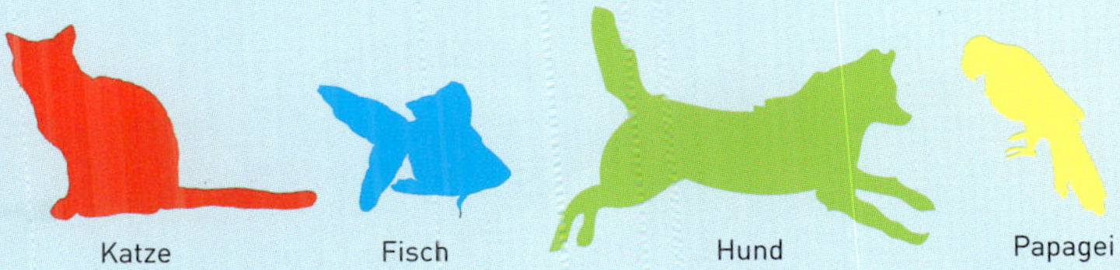

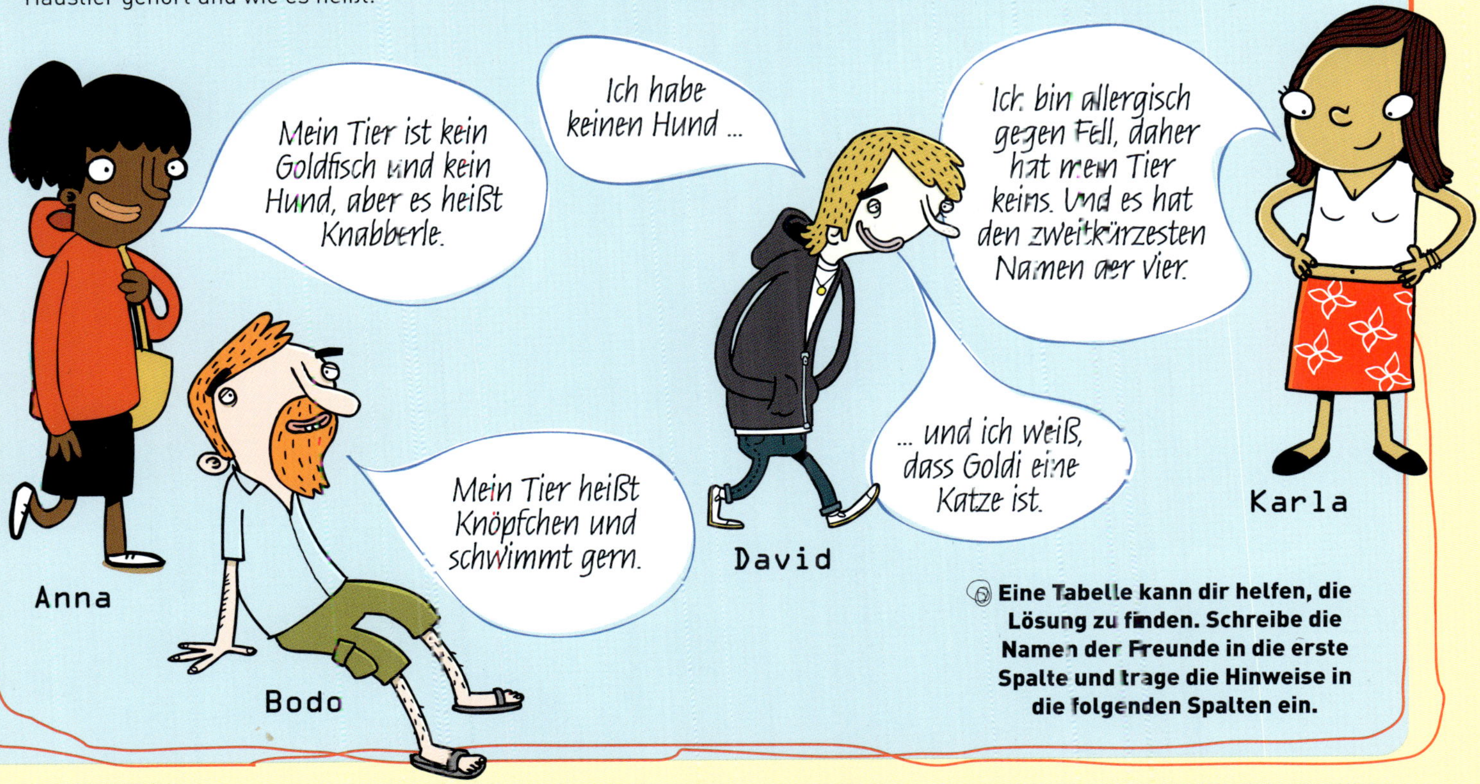

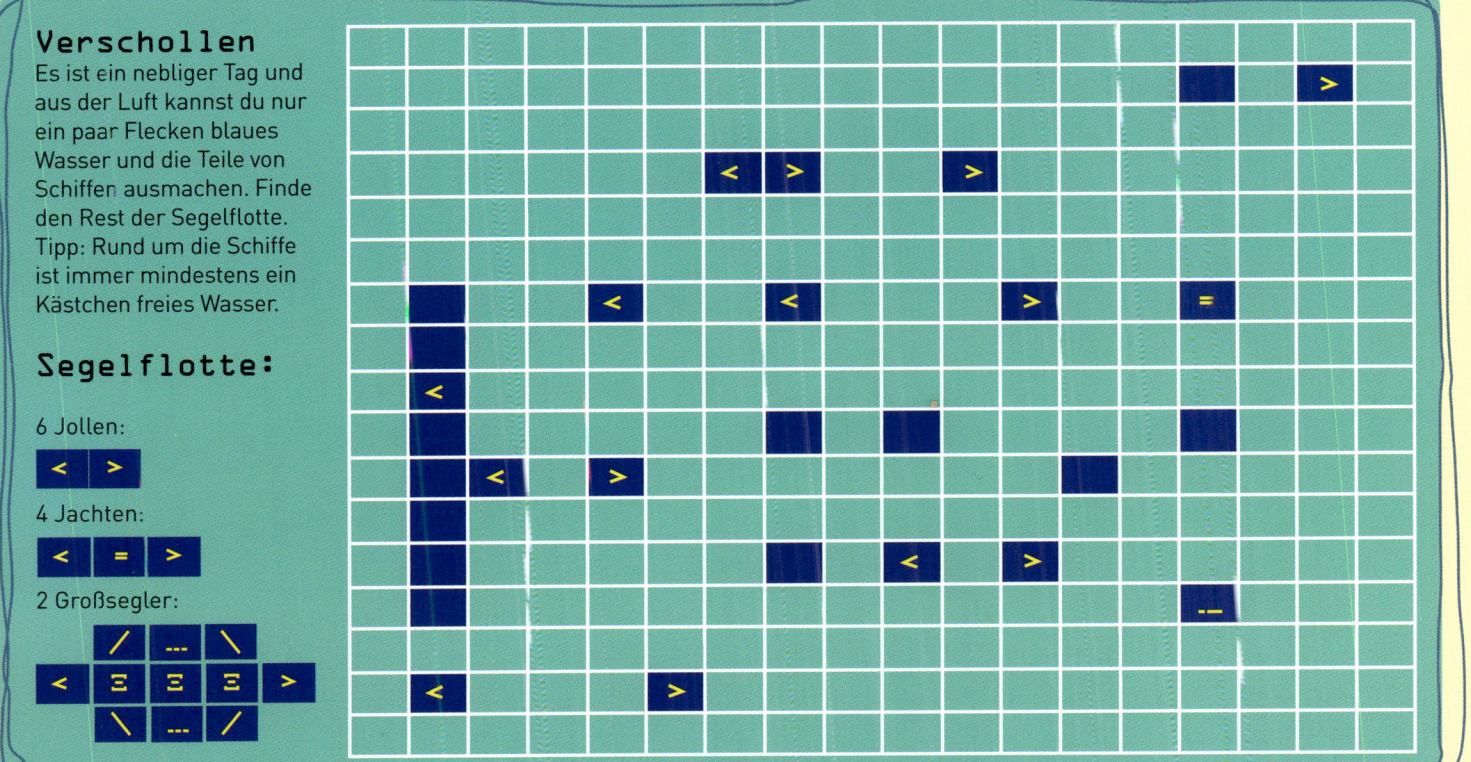

Charles Babbage

Der englische Mathematiker Charles Babbage (1791–1871) erfand nicht nur den ersten Computer, sondern war auch ein erstklassiger Codeknacker. 1854 gelang ihm die Entzifferung einer Chiffre, die 26 Alphabete zur Verschlüsselung nutzte. So konnten die Engländer im Krimkrieg verschlüsselte russische Nachrichten lesen.

Thomas Jefferson

Rund zehn Jahre bevor Thomas Jefferson (1743–1826) US-Präsident wurde, erfand er eine Chiffriermaschine namens „Jefferson-Walze". Danach war er noch an der Entwicklung weiterer Chiffriermaschinen beteiligt. Mit ihrer Hilfe wurden verschlüsselte Nachrichten nach Europa gesendet. Das US-Militär verwendete eine Abwandlung der Jefferson-Walze von 1922 bis 1942.

PROBIER'S AUS

Eine Welt voller Codes

Sogar im Alltag sind wir von Codes umgeben und viele davon sind dafür gedacht, von Maschinen gelesen zu werden. Wenn du ein Smartphone hast, gibt es dafür bestimmt mindestens eine App zum Lesen von Strichcodes. Damit kannst du die Strichcodes von Lebensmitteln und anderen Produkten lesen. Sieh einmal nach, was du an Informationen finden kannst. Du kannst auch die Strichcodes auf Büchern einlesen.

Agnes Meyer Driscoll

Agnes Meyer Driscoll (1889–1971) war eine der besten Kryptoanalytikerinnen des 20. Jahrhunderts. Für die US-Marine entschlüsselte sie einige der kompliziertesten Codes in beiden Weltkriegen. Ihr Spitzname war „Madame X". Sie entwarf zudem Entschlüsselungsmaschinen und unterrichtete andere Kryptoanalytiker im Knacken von Codes.

Sir Francis Walsingham

Während der Regierungszeit der englischen Königin Elisabeth I. war Spionage weit verbreitet. Sir Francis (1532–1590) begründete den britischen Geheimdienst und galt als Meisterspion. Er entschlüsselte z. B. Nachrichten von Maria Stuart und verhinderte so mehrere Mordanschläge auf Elisabeth I. Maria Stuart wurde später dafür hingerichtet.

KNACKE DIE CODES

Willst du geheime Botschaften lesen, musst du den Code oder die Chiffre knacken – und dazu brauchst du meist Mathematik. Beim Codieren werden ganze Wörter durch Codewörter, Symbole oder Zahlen verschlüsselt, beim Chiffrieren werden die Buchstaben durch andere Zeichen ersetzt.

Hacker

Ein Hacker ist jemand, der in Computersysteme einbricht – ob nun aus Spaß oder um Informationen zu stehlen. Dabei muss der Hacker Computercodes und Nachrichten decodieren (entschlüsseln). Manchmal beauftragen Computerfirmen sogar Hacker, um ihre Sicherheitssysteme zu testen und zu verbessern. Diese Hacker werden auch „White-Hat-Hacker" genannt, weil sie „legal" hacken.

Scott Lunsford, ein Mitarbeiter der Firma IBM, wollte die Sicherheit eines Atomkraftwerks testen und hackte sich in dessen Computersystem. Er brauchte dazu nur einen Tag.

Public-Key-Verschlüsselung

Mit diesem System gelang der Mathematik um 1970 ein großer Durchbruch. Ein Key (Schlüssel) ist das, was man zum Ver- und Entschlüsseln einer Nachricht benötigt. E-Mail-Nachrichten werden mit diesem System verschlüsselt, damit nur der beabsichtigte Empfänger sie lesen kann. Der Computer des Empfängers erfindet dabei zwei Schlüssel – einen zum Verschlüsseln, einen zum Entschlüsseln. Wendel der Absender dann die Verschlüsselung an, kann die Nachricht nur vom echten Empfänger entschlüsselt werden, denn nur er besitzt den passenden Schlüssel.

Verschlüsselung

Die meisten Bankgeschäfte werden heute per Computer abgewickelt. Ihr Inhalt muss geheim bleiben, damit niemand von den Bankkonten des Absenders oder des Empfängers etwas stehlen kann. Da die Nachrichten über Leitungen oder per Funk durch das Internet geschickt werden, sind sie sehr leicht abzufangen. Also werden sie vor ihrer Reise chiffriert (verschlüsselt).

Häufigkeitsanalyse

Einfache Verschlüsselungen lassen sich mit der Häufigkeitsanalyse knacken. Dabei wird gezählt, wie häufig ein Zeichen im Geheimtext vorkommt. Da jedes Geheimtextzeichen für einen Buchstaben im Klartext steht, müsste das häufigste Zeichen der häufigste Buchstabe sein. Im Deutschen kommen e und n am häufigsten vor, im Englischen e und t und im Spanischen e und a. Wenn man die Zeichen also nach ihrer Häufigkeit ersetzt, kann man den Text entschlüsseln.

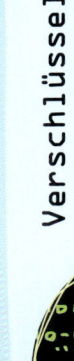

KNIFFLIGE RÄTSEL

Baue ein Chiffrenrad

Um einen Code schneller ver- und entschlüsseln zu können, brauchst du ein Chiffrenrad, genau wie dein Freund, dem du die Nachricht schickst. Und ihr beide benötigt den Schlüssel, nach dem ersetzt wird.

Du brauchst:
- Papier
- Schere
- Bleistift
- Lineal
- Versandtaschenklammer

Schritt 1
Zeichne die Räder (links und unten) ab, schneide sie aus, lege das kleine auf das große und teile sie in 26 gleiche Felder, wie gezeigt. Dann klammere sie zusammen.

Schritt 2
Schreibe das Alphabet auf den äußeren Kreis und das Chiffre-Alphabet auf den inneren (du kannst dies hier nutzen oder ein eigenes erfinden). Nun fehlt nur noch der Schlüssel, z. B. X = P.

Schritt 3
Gib deinem Freund das gleiche Rad und den Schlüssel als Anfangspunkt. Wenn er das X des kleinen Rads zum P des großen dreht, kann er den Rest einfach entschlüsseln.

CODES UND CHIFFREN

Caesar-Verschlüsselung

Die Caesar-Verschlüsselung ist nach dem römischen Feldherrn Julius Caesar benannt und beruht auf Substitution, also der Ersetzung eines Buchstabens durch einen anderen. Man kann z. B. jeden Buchstaben durch den folgenden ersetzen, also B durch C, C durch D usw. In komplizierteren Versionen liegen die Buchstaben dann zwei oder drei Schritte auseinander und aus A wird D, aus B wird E usw. Kannst du diese Botschaft entziffern?

NODVVH GDV KVW VFKZHUHU FRGH

🔍 Tipp: Suche den häufigsten Buchstaben und überlege auch, welcher Buchstabe oft doppelt vorkommt.

Substitutions-Chiffre

Bei der Caesar-Verschlüsselung bleibt das Alphabet in der richtigen Reihenfolge, es wird nur verschoben. Bei einer Substitutions-Chiffre werden die Buchstaben dagegen durcheinandergewürfelt. Kannst du die Nachricht mithilfe der Chiffre lesen?

```
A B C D E F G H I J K L M N O P Q R S T U V W X Y Z
L C Y R J P D O A V Z H B K T X G S W U F E M I N Q
```

Suche die Buchstaben der Geheimnachricht in der unteren Zeile und ersetze sie durch die der oberen Zeile.

WXLWWBAUYTRJW

Die Caesar-Verschlüsselung war trotz ihrer Einfachheit sehr wirkungsvoll, weil Verschlüsselungen damals noch kaum benutzt wurden.

Hier kannst du ausprobieren, wie man Codes erfindet und knackt. Außerdem erfährst du, wie man ein Chiffrenrad baut, mit dem du und deine Freunde geheime Botschaften ganz einfach verschlüsseln könnt.

Ein Code aus Formen

Jede der elf abgebildeten farbigen Formen steht für eine Zahl zwischen 0 und 12. Durch Rechnen und Logik kannst du die Paare ermitteln.

Beginne mit dieser Gleichung, denn hier gibt es nur eine Möglichkeit.

Polybios-Chiffre

Polybios (um 200–118 v. Chr.) war ein griechischer Historiker. Er ersann für die Römer eine neue Chiffre (siehe unten). Die Buchstaben werden mithilfe von Zahlenkoordinaten codiert. 23 bedeutet, dass der Buchstabe in der 2. Reihe und in der 3. Spalte des Quadrats steht: Es ist also ein H.

	1	2	3	4	5
1	A	B	C	D	E
2	F	G	H	I	J
3	K	L	M	N	O
4	P	Q	R	S	T
5	U	V	W	X	YZ

Schritt 1
Entziffere die folgende Geheimnachricht. Die Lücken zwischen den Wörtern musst du selbst finden.

14 24 15 44 15 43 13 35 14 15
24 44 45 44 15 23 43 11 32 45

Schritt 2
Wenn du einem Freund ein Blatt mit der Chiffre gibst, könnt ihr euch gegenseitig geheime Botschaften schicken. Ändere einfach die Buchstabenfolge und du kannst eine eigene Chiffre erfinden – sie muss nur auf allen Zetteln gleich sein!

Der britische Premierminister Winston Churchill sagte, Turings Arbeit habe den Zweiten Weltkrieg um zwei Jahre verkürzt.

Alan Turing

Alan Turing (ganz links) im Alter von 13 oder 14 Jahren mit Schulfreunden am Bahnhof Waterloo in London. Die Jungen sind auf dem Weg zum Internat.

Alan Turing war ein mathematisches Genie. Ihm gelang die Konstruktion neuartiger Dechiffriermaschinen, die den Alliierten im Zweiten Weltkrieg große Vorteile verschafften. Später baute er einen der ersten Computer der Welt und entwickelte die ersten intelligenten Maschinen. So leistete er Pionierarbeit in der Entwicklung der künstlichen Intelligenz.

Kindheit und Jugend
Alan Turing wurde am 23. Juni 1912 in London (England) geboren. Nicht lange danach kehrten seine Eltern nach Indien zurück, wo sein Vater als Beamter tätig war. Er und sein älterer Bruder blieben bei einer befreundeten Familie in England. Schon früh zeigte sich Alans Begabung für Naturwissenschaften. Mit 16 Jahren las er die Arbeiten des großen Gelehrten Albert Einstein und war von seinen Ideen fasziniert.

Die Turingmaschine
Ab 1931 studierte Alan Turing am King's College in Cambridge (England) Mathematik. Hier veröffentlichte er 1936 seine Arbeit über eine imaginäre Maschine, die später Turingmaschine genannt wurde. Sie führte mathematische Aufgaben aus, die sie auf langen Papierbändern einlas und ausgab. Seine Idee beschrieb die Arbeitsweise eines Computers, als die Technik noch gar nicht in der Lage war, einen zu bauen. Noch im gleichen Jahr ging Turing an die Universität Princeton (USA).

Das King's College der Universität Cambridge, wo Turing ab 1931 studierte. Der Computerraum des Colleges trägt heute seinen Namen.

Code geknackt
1938 kehrte Alan Turing nach Großbritannien zurück, um für die Regierung deutsche Codes zu entschlüsseln. Als der Zweite Weltkrieg ausbrach, wurde er nach Bletchley Park versetzt, dem geheimen Hauptquartier der britischen Code- und Chiffrenschule. Gemeinsam mit seinem Kollegen Gordon Welchman baute er die „Bombe", eine Maschine, die deutsche Nachrichten entschlüsseln konnte, die mit der berühmten Verschlüsselungsmaschine Enigma (rechts) erstellt worden waren.

Turing war auch ein hervorragender Marathonläufer. Bei der Qualifikation für die Olympischen Spiele 1949 wurde er Fünfter.

Der Pilot-ACE war eine kleinere Version von Turings ursprünglichem ACE. Er erleichterte komplizierte Berechnungen auf vielen Gebieten, wie etwa in der Luftfahrt.

Die ersten Computer

Nach dem Krieg arbeitete Alan Turing am National Physical Laboratory (dem Physikalisch-Technischen Institut Großbritanniens). Dort entwarf er einen Computer namens ACE (Automatic Computing Engine), der Anweisungen in einem elektronischen Gedächtnis speichern konnte. Ihm folgte der Pilot-ACE, einer der ersten Universalcomputer. Ab 1948 wechselte Alan Turing an die Universität Manchester und entwickelte Computerprogramme. Einige der frühen Computer waren riesig: Sie füllten ganze Räume und wogen mehrere Tonnen.

Für die Dienste, die Turing seinem Land im Zweiten Weltkrieg erwies, erhielt er den Verdienstorden OBE.

Der Turing-Test

Alan Turing interessierte sich für die Frage, ob Maschinen je fähig sein könnten, wie Menschen zu denken. 1950 entwarf er dazu einen Test, der zeigen sollte, ob ein Computer fähig war, einem Menschen bei einer Befragung vorzutäuschen, dass er ebenfalls ein Mensch sei. Turing nannte diesen Test „Imitation Game" (Imitationsspiel), inzwischen heißt er Turing-Test und mit ihm wird noch heute die Intelligenz von Maschinen getestet.

Tragischer Tod

Alan Turing war homosexuell, doch Homosexualität war in Großbritannien und vielen anderen Ländern zu jener Zeit verboten. Er wurde daher angeklagt und verurteilt. Im Jahr 1954 nahm er sich wahrscheinlich das Leben. Seine Statue steht heute in Bletchley Park (England), das inzwischen ein Museum über die Codeknacker des Zweiten Weltkriegs ist.

ALG3BRA

Die Algebra ist ein wichtiges Teilgebiet der Mathematik, in dem Zahlen durch Symbole (wie etwa die Buchstaben des Alphabets) ersetzt werden, um ein Problem zu lösen. Die Algebra hilft Wissenschaftlern auf allen Gebieten, die Welt besser zu verstehen.

Finde die Formel

In der Algebra werden Probleme mithilfe von Formeln gelöst. Eine Formel ist so etwas wie ein Rezept: Sie nennt dir die Zutaten und sagt dir, was du tun sollst. Wissenschaftler nutzen Formeln für alles Mögliche. Wenn sie beispielsweise das Radiosignal eines Raumfahrzeugs auffangen, können sie mit der unten stehenden Formel ausrechnen, wie weit es beim Senden entfernt war.

Entfernung = Zeit · Geschwindigkeit der Radiowellen

Setze die Informationen in die Rechnung ein.

Zeit – Die Radiowellen erreichten die Erde nach 10 Sekunden.

Geschwindigkeit – Radiowellen bewegen sich mit einer Geschwindigkeit von 300 000 km/s.

Die Entfernung beträgt also 10 s · 300 000 km/s

Entfernung = 3 Mio. km

Einfache Algebra

Der Unterschied zwischen Arithmetik und Algebra ist an der Schreibweise von ein und derselben Gleichung erkennbar:

In der Arithmetik: **4 + 5 = 5 + 4**
In der Algebra: **x + y = y + x**

Es ist klar, dass in diesem Fall x = 4 und y = 5 ist.

Die erste Gleichung ist eine einfache Rechnung. Die Gleichung der Algebra gibt uns dagegen eine Regel, die für alle Zahlen gilt. Betrachte das folgende Beispiel:

x + y = z

Wenn du die Werte von x und y kennst, kannst du den Wert von z ausrechnen. Bei x = 3 und y = 5 gilt:

3 + 5 = z
z = 8

Im Gleichgewicht

Die häufigste Art der Formel ist die Gleichung. Sie ist eine mathematische Aussage, die zwei Dinge gleichsetzt. Man kann sich eine Gleichung wie eine Waage im Gleichgewicht vorstellen – was in der linken Waagschale ist, entspricht dem, was in der rechten Waagschale ist. Das Gewicht eines Raumschiffs lässt sich z.B. so darstellen:

Gewicht = Rakete + Kapsel + Treibstoff + Ausrüstung + Besatzung

Große Gleichungen

Nach Jahrhunderten harter Arbeit verstehen Wissenschaftler nun viele der Gleichungen, die unser Universum erklären. Sie wissen beispielsweise, wie sich die Schwerkraft ausbreitet und wie sie Objekte im Raum beeinflusst. Mit diesem Wissen können sie z. B. berechnen, auf welchem Weg ein Raumfahrzeug mehrere Planeten nacheinander besuchen kann.

Das Wort „Algebra" geht auf ein Buch des arabischen Mathematikers Muhammad ibn Musa al-Chwarizmi (8./9. Jh.) zurück.

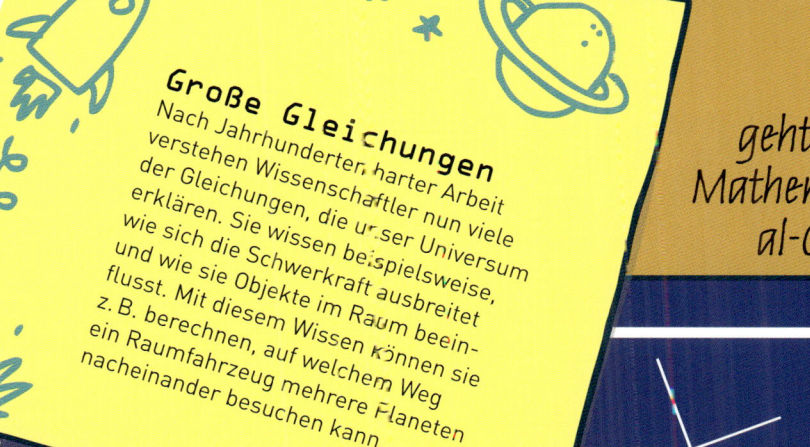

Muster entdecken

Mit Zahlenmustern lassen sich auch andere Informationen ermitteln. Stell dir vor, auf dem Planeten Zog wollen Wissenschaftler eine 110 Urgs (u) lange Rakete bauen und müssen herausfinden, wie viele Kroolfons sie benötigen. Die Tabelle zeigt ihre Erfahrung mit früheren Raketen:

Länge	Kroolfons
30 u	140
60 u	200
80 u	240
100 u	280

Das Muster, das die Zahlen oben ergeben, führt zu folgender Gleichung:

Kroolfons = Länge · 2 + 80

Für ihre neue Rakete benötigen sie also 110 · 2 + 80 = 300 Kroolfons.

PROBIER'S AUS

Gewicht auf dem Mond

Versuche dich an folgendem Problem: Die Tabelle gibt an, wie schwer Dinge auf der Erde und auf dem Mond sind.

Objekt	Gewicht auf der Erde	Gewicht auf dem Mond
Apfel	120 g	20 g
Roboter	300 kg	50 kg
Mondlandefähre	18 Tonnen	3 Tonnen

Kannst du eine Gleichung aufstellen, die das Verhältnis zwischen dem Gewicht auf der Erde und dem Gewicht auf dem Mond beschreibt? Wie schwer wärst du auf dem Mond?

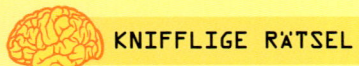

KNIFFLIGE RÄTSEL

KOPFNÜSSE

Wir lösen ständig alle möglichen Probleme mit Algebra, wir merken es nur nicht. Zur Lösung der Rätsel auf dieser Seite brauchst du sie beispielsweise auch. In alltäglichen Situationen oder als Denksport verkleidet, wirkt sie gleich viel weniger Furcht einflößend!

In Algebra steht „x" für eine unbekannte Zahl. Deshalb spricht man auch bei unbekannten Dingen oft vom „Faktor X".

Kuchen backen
Johann soll für den Geburtstag eines Freundes einen Kuchen backen und bekommt dieses Rezept:

- 100 g Butter
- 200 g Zucker
- 4 Eier
- 160 g Mehl

In letzter Sekunde fällt ihm auf, dass er nicht genügend Eier hat, aber die Läden haben schon geschlossen. Er beschließt, das Rezept für drei Eier anzupassen. Wie viel Butter, Zucker und Mehl benötigt er für einen Teig mit nur drei Eiern?

Blumig rechnen
Bei diesen Blumen musst du die Zahlen auf den Blütenblättern jeweils auf dieselbe Weise addieren und multiplizieren, um das Ergebnis in der Mitte zu erhalten. Erkennst du das Muster? Welches Ergebnis hat die dritte Blume?

Blume 1: 1, 2, 7, 5 → 56
Blume 2: 3, 7, 2, 8 → 96
Blume 3: 6, 4, 9, 3 → ?

Geflatter

In einem Garten stehen ein Apfelbaum und eine Birke. In beiden Bäumen sitzen Vögel. Wenn nun ein Vogel vom Apfelbaum zur Birke flöge, säßen auf beiden Bäumen gleich viele Vögel. Wie groß ist der Unterschied zwischen den Vogelgruppen?

Im Gleichgewicht

In mathematischen Gleichungen sollte auf beiden Seiten des Gleichzeichens das Gleiche stehen – so, wie die Gewichte in den Schalen einer Waage im Gleichgewicht gleich schwer sein müssen. Wie viele Golfbälle benötigst du in diesem Rätsel, um die dritte Waage auszugleichen?

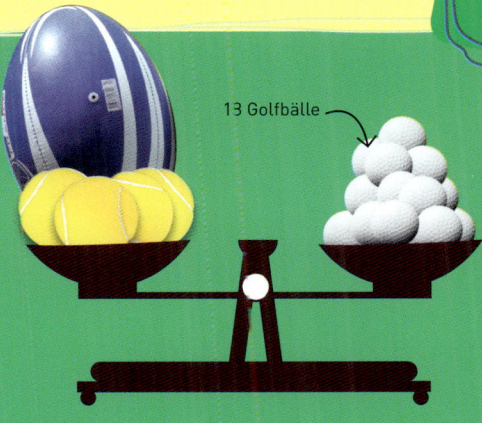

15 Golfbälle · 13 Golfbälle

Ganz schön fruchtig!

In diesem Rätsel steht jede Frucht für eine Zahl. Finde heraus, welche Zahlen das sind. Sobald du sicher bist, dass du die richtigen Zahlen hast, kannst du die fehlenden Summen am Ende der Reihen und Spalten eintragen.

Ein paar Tipps:

54 · 48 · 60

Sobald du weißt, für welche Zahl die Ananas steht, kannst du den Wert einer Orange errechnen.

Finde zuerst den Wert einer Ananas heraus.

Nun bist du dran:

71 · 70 · 80

GEHEIMNISSE DES UNIVERSUMS

Wissenschaftler können mithilfe der Mathematik das Universum erklären. In der Naturwissenschaft geht es immer darum, Theorien zu beweisen. Zu diesem Zweck müssen die Wissenschaftler anhand einer Theorie Vorhersagen berechnen. Wenn die Vorhersagen eintreffen, ist die Theorie wahrscheinlich richtig.

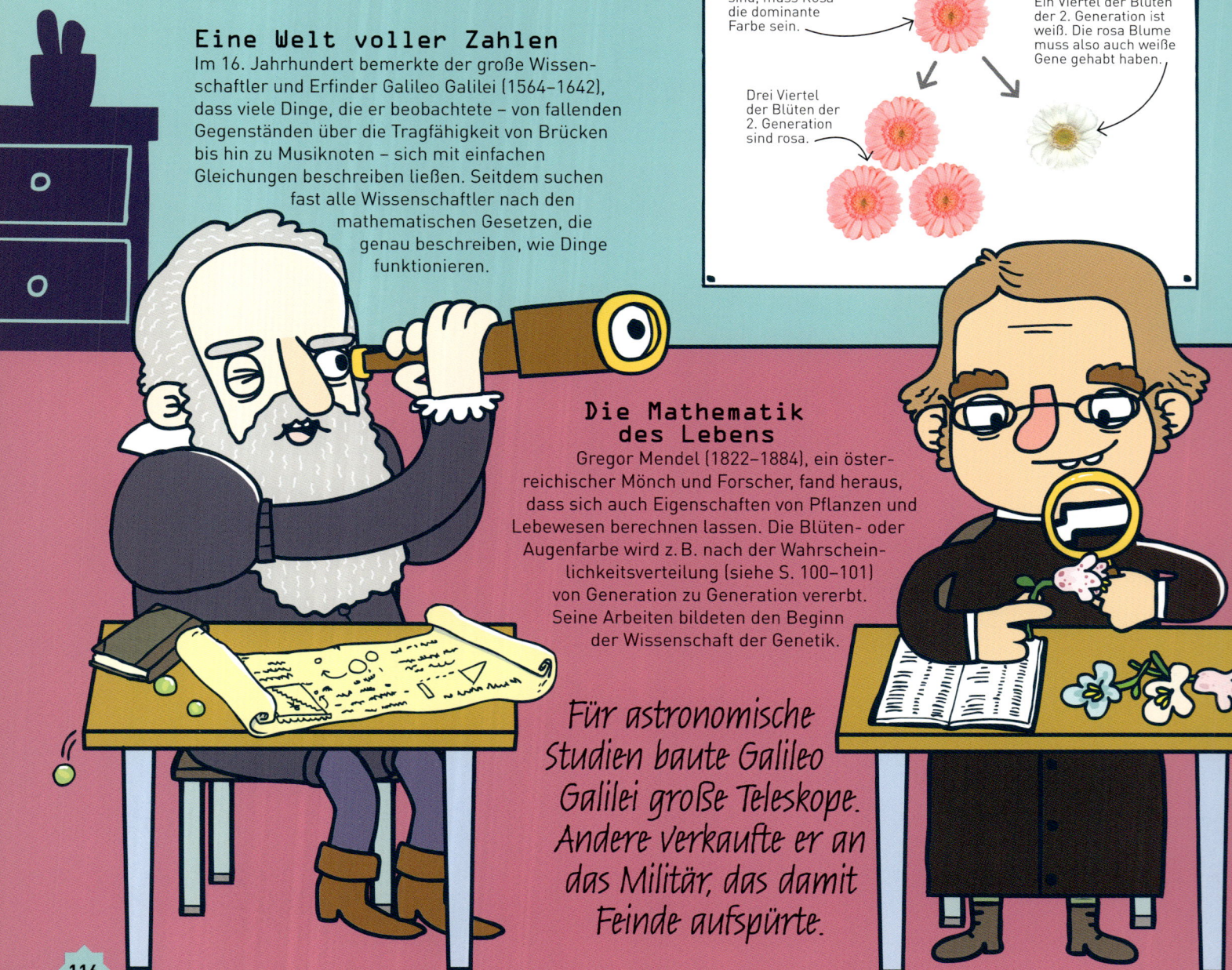

Pflanzen züchten

Da alle Blüten der 1. Generation rosa sind, muss Rosa die dominante Farbe sein.

Drei Viertel der Blüten der 2. Generation sind rosa.

Ein Viertel der Blüten der 2. Generation ist weiß. Die rosa Blume muss also auch weiße Gene gehabt haben.

Eine Welt voller Zahlen

Im 16. Jahrhundert bemerkte der große Wissenschaftler und Erfinder Galileo Galilei (1564–1642), dass viele Dinge, die er beobachtete – von fallenden Gegenständen über die Tragfähigkeit von Brücken bis hin zu Musiknoten – sich mit einfachen Gleichungen beschreiben ließen. Seitdem suchen fast alle Wissenschaftler nach den mathematischen Gesetzen, die genau beschreiben, wie Dinge funktionieren.

Die Mathematik des Lebens

Gregor Mendel (1822–1884), ein österreichischer Mönch und Forscher, fand heraus, dass sich auch Eigenschaften von Pflanzen und Lebewesen berechnen lassen. Die Blüten- oder Augenfarbe wird z. B. nach der Wahrscheinlichkeitsverteilung (siehe S. 100–101) von Generation zu Generation vererbt. Seine Arbeiten bildeten den Beginn der Wissenschaft der Genetik.

Für astronomische Studien baute Galileo Galilei große Teleskope. Andere verkaufte er an das Militär, das damit Feinde aufspürte.

Wahrheit ist einfach

Bis ins 20. Jahrhundert wurden Theorien mithilfe der Mathematik oft weiter ausgearbeitet und dann bewiesen und angewandt. Aber inzwischen werden auch viele Theorien durch die Mathematik erzeugt. Wenn es verschiedene Theorien gibt, dann stellt sich meist die als richtig heraus, die mathematisch am einfachsten ist. Der geniale Physiker Albert Einstein (1879–1955) fand die richtigen Gleichungen für die Gravitation, indem er die einfachsten wählte.

Riesige Rechenleistung

Die meisten Mathematiker verbringen mehr Zeit damit, nach Mustern zu suchen, neue Ideen zu entwickeln und neue Lehrsätze zu beweisen, als wirklich zu rechnen. Warum sollten sie auch? Es gibt doch Computer! Die größten Supercomputer können milliardenmal schneller rechnen als jeder Mensch. Mit dieser riesigen Rechenleistung haben Wissenschaftler heute mehr Zeit denn je, ihre Theorien gründlich zu prüfen.

Nichts ist perfekt

1931 veröffentlichte der aus Österreich stammende Mathematiker Kurt Gödel (1906–1978) einen revolutionären Lehrsatz. Er zeigte, dass komplizierte mathematische Theorien unmöglich vollständig sein können. Es müssen immer Lücken bleiben und es wird in jeder Theorie Aussagen geben, die nicht bewiesen werden können. Damit veränderte er die Mathematik!

Professor Stan Gudder sagte: „Der Zweck der Mathematik ist nicht, einfache Dinge kompliziert zu machen, sondern Kompliziertes zu vereinfachen."

Eine Welt aus Fäden

Eine der bisher besten Theorien zur Erklärung des Universums ist die Stringtheorie (von engl. *string* für „Faden"). Sie besagt, dass die Teilchen, aus denen Atome bestehen, aus noch kleineren Objekten bestehen, die wie die Saiten von Musikinstrumenten schwingen. Sie sind aber so klein, dass sie nicht wahrnehmbar sind und die Theorie nur mathematisch bewiesen werden kann.

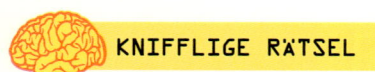 KNIFFLIGE RÄTSEL

DAS GROSSE QUIZ

1 Ist Mitternacht …
- **A** 12:00 Uhr
- **B** 24:00 Uhr
- **C** Weder noch

2 Wie lang sind 3,1 Stunden?
- **A** 3 Stunden und 10 Minuten
- **B** 3 Stunden und 6 Minuten
- **C** 3 Stunden und 1 Minute

3 Was ist ¼ + ⅓?
- **A** $2/7$
- **B** $2/12$
- **C** $7/12$

Lerne nützliche Rechnungen, wie z. B. das kleine und große Einmaleins, auswendig.

4 Was ist ¼ · ¼?
- **A** $1/2$
- **B** $1/16$
- **C** $11/16$

5 Welche Zahl ist die kleinste?
- **A** 8,35
- **B** 8 ⅔
- **C** 8,53

6 Welche Aussage ist korrekt?
- **A** 2,1 % von 43000 ist größer als 0,21 % von 4300
- **B** 2,1 % von 43000 ist gleich 0,21 % von 4300
- **C** 2,1 % von 43000 ist kleiner als 0,21 % von 4300

7 Wie viele Schnitte musst du machen, wenn du von einem Laib Kastenbrot 4 Scheiben abschneiden möchtest und keine Kruste magst?
- **A** 7
- **B** 8
- **C** 9

8 Wenn du 10 % zu 100 addierst, bekommst du 110. Wenn du 10 % von 110 abziehst, welches Ergebnis bekommst du dann?
- **A** 90
- **B** 99
- **C** 100

Rechne lange Aufgaben zuerst immer grob im Kopf aus, damit du weißt, ob ein Ergebnis stimmen kann – besonders, wenn du mit Taschenrechner rechnest.

Probiere verschiedene Methoden, um dir Zahlen und Formeln einzuprägen: Sage sie laut auf, mache daraus ein Lied oder male ein Bild dazu.

9 Was ist −1 + −2?
- **A** −3
- **B** −1
- **C** 3

10 Was ist 0,1 · 0,1?

A 0,01

B 0,11

C 0,1

11 Was ist 2,3 · 10?

A 2,30

B 20,3

C 23

12 Wenn du mit einer Schlaufe die folgenden drei Dreiecke bildest, welches umschließt die größte Fläche?

A Das rechtwinklige

B Das gleichseitige

C Das ungleichseitige

Gibt es bestimmte Matheaufgaben, bei denen du immer überlegen musst, dich am Kopf kratzt und dann noch einmal überlegen musst? Das geht nicht nur dir so. Es gibt bestimmte Fallen in der Mathematik, in die fast jeder tappt, wenn er nicht genau aufpasst. Hier sind ein paar der bekanntesten Verwirrspiele und andere knifflige Aufgaben, mit denen das Grübeln richtig Spaß macht.

13 Welcher dieser Körper hat die wenigsten Seiten?

A Würfel

B Pyramide mit Basisquadrat

C Tetraeder

14 Wenn du einen Kuchen 20 Minuten nach Viertel vor sechs Uhr in den Ofen schiebst und er 65 Minuten braucht, wann ist er fertig?

A 6:50 Uhr

B 7:10 Uhr

C 6:45 Uhr

Wenn dein Ergebnis falsch ist, dann überlege genau, wo der Fehler liegt.

17 Wenn du mit einer Schlaufe diese drei Formen bildest, welche umschließt die größte Fläche?

A Kreis

B Quadrat

C Dreieck

15 Welche dieser Formen passt nicht dazu?

A Rechteck

B Würfel

C Dreieck

16 Was ist 3 : ¼?

A 0,75

B 1/12

C 12

18 Was ist 1 : 0?

A 1

B 0

C Unendlich

Stelle sicher, dass du komplizierte Fragen richtig verstehst, besonders wenn sie nur mündlich gestellt werden. Schreibe sie auf oder bitte den Lehrer, sie zu wiederholen!

GLOSSAR

Achse
Die horizontale Linie des Koordinatensystems ist die x-Achse, die vertikale ist die y-Achse. An den Achsen werden die Abstände zwischen Punkten gemessen.

Algebra
Teilgebiet der Mathematik, das sich mit bestimmten Rechenmustern befasst und statt Zahlen Buchstaben verwendet.

Arithmetik
Umfasst die Grundrechenarten Addition, Subtraktion, Multiplikation und Division.

Bereich
Ein Zahlenbereich umfasst alle Zahlen zwischen der niedrigsten und der höchsten.

Bruchteil
Das Ergebnis der Division zweier Zahlen.

Chiffre
Zahlzeichen oder Code, mit dem man Texte verschlüsseln (chiffrieren) kann.

Code
Verschlüsselungssystem aus Buchstaben, Zahlen oder Symbolen, die die Buchstaben eines Textes ersetzen.

Dezimalstellen
Die Stellen hinter dem Komma einer Dezimalzahl, die Kommastellen.

Dezimalsystem
Ein Zahlensystem, das auf der Zahl 10 basiert, mit den Ziffern 0 bis 9.

Diagramm
Bild, das mathematische Informationen verdeutlicht. Beispiele: Säulen-, Balken- und Tortendiagramm oder Landkarten.

Dreidimensional (3-D)
Ein räumlicher Körper, der Höhe, Breite und Tiefe besitzt.

Dreieck
Ebene Form mit drei geraden Kanten.

Durchmesser
Die längste Strecke durch eine Fläche oder einen Körper.

Eckpunkt
Punkt, in dem sich die Flächen oder Kanten geometrischer Formen treffen.

Faktoren
Zahlen, die miteinander multipliziert eine dritte Zahl ergeben. 2 und 4 sind beispielsweise Faktoren von 8.

Fläche
Die Größe einer zweidimensionalen Form. Sie wird in quadratischen Einheiten angegeben, z. B. Quadratzentimeter (cm^2).

Flächenschluss
Geometrische Formen, die genau aneinander anschließen, sodass sie eine Fläche lückenlos bedecken.

Formel
Mathematische Regel, die meist aus Symbolen besteht.

Frequenz
Häufigkeit, mit der sich etwas innerhalb eines bestimmten Zeitraums ereignet.

Ganze Zahl
Zahl, die keine Dezimalzahl und kein Bruchteil ist.

Geometrie
Die mathematische Lehre der Formen.

Gerade Zahl
Zahl, die sich durch zwei teilen lässt.

Gleichschenkliges Dreieck
Dreieck mit mindestens zwei gleich langen Kanten und zwei gleichen Winkeln.

Gleichseitiges Dreieck
Dreieck mit drei 60°-Winkeln und drei gleich langen Kanten.

Gleichung
Mathematischer Ausdruck, der besagt, dass zwei Dinge gleich sind.

Grad
Die Einheit für Winkel. Das Zeichen ist °.

Hexagon
Ebene Form mit sechs geraden Kanten.

Horizontal/waagerecht
Parallel zum Horizont. Eine horizontale Linie verläuft im rechten Winkel zu einer Vertikalen von links nach rechts. Auch: Eine flache, gerade und ebene Fläche.

Komma
Das Zeichen, mit dem bei Zahlen die Dezimalstellen abgetrennt werden.

Koordinatensystem
Zeigt, wie sich zwei Faktoren zueinander verhalten, wie etwa die Position eines bewegten Gegenstands und die Zeit.

Lehrsatz (Theorem)
Mathematische Vorstellung oder Regel, die bewiesen werden kann.

Mengendiagramm
Diagramm aus überlappenden Kreisen, das zwei oder mehr Faktoren vergleicht.

Messung
Eine festgestellte Größe oder Menge, die durch eine Zahl und eine Maßeinheit (z. B. Meter oder Sekunde) dargestellt wird.

Milliarde
Eintausend Millionen oder 1 000 000 000.

Negativ
Zahlen, die kleiner als null sind.

Oktagon
Eine ebene Form mit acht geraden Kanten.

Parallel
Zwei Geraden verlaufen parallel, wenn sie immer den gleichen Abstand haben.

Pentagon
Ebene Form mit fünf geraden Kanten.

Pi
Dividiert man den Umfang eines beliebigen Kreises durch seinen Durchmesser, ergibt sich die Zahl Pi. Ihr Symbol ist π.

Polyeder
Dreidimensionale Form, die aus mehreren Polygonen besteht.

Polygon
Ebene Form mit drei oder mehr geraden Kanten.

Positiv
Zahlen, die größer als null sind.

Primfaktor
Primzahl, in die eine andere Zahl zerlegt wird. 3 und 5 sind die Primfaktoren von 15.

Primzahl
Zahl, die größer als eins ist, und die nur durch sich selbst oder eins teilbar ist.

Produkt
Das Ergebnis einer Multiplikation von zwei oder mehr Zahlen.

Prozent/Prozentwert
Der Anteil von Teilen, gemessen an einhundert Teilen. Das Symbol ist %.

Pyramide
Räumliche Form mit einer polygonen Basis und dreieckigen Seitenflächen, die sich an der Spitze in einem Punkt treffen.

Quadrat
Ebene Form mit vier gleich langen Kanten und vier rechten Winkeln.

Quadratzahl
Eine Quadratzahl entsteht durch die Multiplikation einer ganzen Zahl mit sich selbst, z. B. $4 \cdot 4 = 16$ oder auch 4^2.

Radius
Der Abstand vom Mittelpunkt des Kreises bis zu seinem Rand.

Rechter Winkel
Der Winkel von genau 90°.

Säulendiagramm
Diagramm, bei dem Mengen anhand von Säulen verglichen werden. Je höher die Säule, desto größer die Menge.

Schätzen
Sich auf Erfahrung beruhend dem Ergebnis grob nähern.

Seiten
Die Flächen eines räumlichen Körpers.

Spiegelachse
Eine Spiegelachse teilt eine Form in zwei spiegelbildliche Hälften. Ein Spiegel auf dieser Achse würde die exakte Vervollständigung der halben Form zeigen.

Summe
Das Ergebnis der Addition von Zahlen.

Symmetrie
Formen oder Körper sind symmetrisch, wenn sie nach einer Rotation, Spiegelung oder Parallelverschiebung unverändert erscheinen.

Tabelle
Liste, in der die Informationen in Zeilen und Spalten sortiert sind.

Tetraeder
Körper aus vier dreieckigen Flächen.

Theorie
Ausführliche und erprobte Erklärung für einen Sachverhalt.

Umfang
Die Länge um den Rand eines Kreises.

Ungerade Zahl
Zahl, die sich nicht durch 2 teilen lässt.

Ungleichseitiges Dreieck
Dreieck mit drei verschiedenen Winkeln und drei ungleich langen Kanten.

Verhältniszahl
Beschreibt das Verhältnis zwischen zwei Zahlen, also wie viel größer oder kleiner die eine Zahl im Vergleich zur anderen ist.

Verschlüsseln
Nachrichten mit einem Code „unverständlich" machen, um sie geheim zu halten.

Vertikal/senkrecht
Eine vertikale Linie verläuft im rechten Winkel zum Horizont von unten nach oben.

Vierseitig/viereckig
Zweidimensionale Form mit vier geraden Kanten und vier Winkeln. Trapez und Rechteck sind vierseitige Formen.

Wahrscheinlichkeit
Die Möglichkeit, dass etwas passiert.

Werte
Informationen, wie etwa Messergebnisse.

Winkel
Gibt an, wie weit eine Linie um einen Scheitelpunkt gedreht werden muss, um eine andere Linie zu treffen. Winkel werden in Grad (°) gemessen, z. B. 45°.

Würfel/Kubus
Geometrische Form. Ein Körper mit sechs gleichen Seiten (Flächen), acht gleichen Ecken und zwölf gleichen Kanten.

Zahlenfolge
Eine Reihe von Zahlen, die einer bestimmten Regel folgen, wie etwa 2, 4, 6, 8, 10.

Ziffer
Ein einstelliges Zahlzeichen, z. B. 1 oder 9.

Zweidimensional (2-D)
Ebenes Objekt, das nur Länge und Breite hat, aber keine Höhe.

LÖSUNGEN

6–7 Überall Mathe

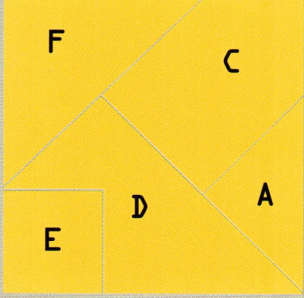

Quadratpuzzle
B gehört nicht dazu.

Gewinnspanne
Besetzte Skooter: 60 % von 12 sind 7,2.
Anzahl der Fahrten: 4 · 8 = 32
Fahrpreis pro Fahrt: 32 · 4 € = 128
128 € · 7,2 = 921,60 €
Betriebskosten: 921,60 € – 500 € = 421 €
Gewinn: 421 € pro Tag

Gewinnchance
Du hast eine Gewinnchance von 1 zu 9:
90 (Kunden) · 3 (Würfe) = 270
270 : 30 (Gewinne) = 9

12–13 Ein Kopf für Mathe

Finde die Form
1 D
2 C
3 C
4 C

18–19 Probleme mit Zahlen

Eine nützliche Studie?
1. Die Studie ist wahrscheinlich unausgewogen, da sie von der Vereinigung für mehr Hochhäuser durchgeführt wurde.
2. Für die Studie wurden nur 3 von insgesamt 30 Parks beobachtet (10 Prozent). Das ist zu wenig, um eine Aussage über alle Parks machen zu können.
3. Es wird nicht gesagt, wie viele Besucher der dritte Park hatte.
4. Die Studie sagt, 2 Parks hatten an einem ganzen Tag weniger als 25 Besucher. Also wurde nur an einem Tag beobachtet. Das ist ein zu kurzer Zeitraum.

Das Gesamtbild
Da die Metallhelme mehr Schutz gaben, waren die Kopfverletzungen teils schwächer und mehr Soldaten überlebten sie. Die Zahl der Kopfverletzungen nahm also zu, aber die Zahl der Todesopfer durch sie nahm ab.

22–23 Die Lösung sehen

Was siehst du?
1. Zahnbürste, Apfel, Lampe
2. Fahrrad, Stift, Schwan
3. Gitarre, Fisch, Segelboot
4. Schachfigur, Schere, Schuh

Zweidimensional denken

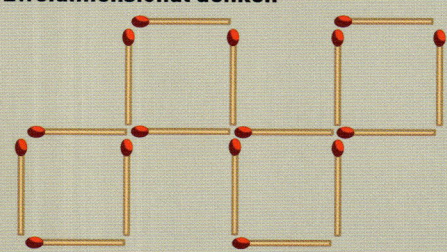

Alles der Reihe nach
Kachel 3

Sehen heißt verstehen
Die Schlange ist 9 m lang.

Dreidimensional sehen
Würfel 2

30–31 Die große Null

Römische Hausaufgabe
Diese Aufgabe soll dir nur zeigen, warum der Stellenwert das Rechnen so viel einfacher macht. Am schnellsten kannst du die Aufgabe lösen, indem du sie umschreibst:
CCCIX (309) + DCCCV (805) = 1114 (MCXIV).

34–35 Raus aus der Schublade

1. Platzwechsel
Du liegst auf dem zweiten Platz.
2. Peng!
Wenn der Ballon nicht aufgeblasen ist.
3. Wie stehen die Chancen?
1 zu 2
4. Familienbande
Es sind zwei von drei Drillingen.
5. In Geldfragen
In beiden Beuteln ist gleich viel Geld.
6. Wie viele?
Man braucht auch zehn Kinder.
7. Links oder rechts?
Drehe den Handschuh auf links.
8. Der einsame Mann
Der Mann war Leuchtturmwärter.
9. Ein guter Schnitt
Weil er dadurch dreimal so viel verdient.
10. Die Hälfte ist voll
Schütte den Saft aus dem zweiten Glas in das fünfte Glas.
11. Verwirrend
Der Mann war vorher Milliardär und hat viel Geld verloren.
12. Wer war's?
Der Tischler, der Lkw-Fahrer und der Mechaniker waren Frauen, aber es war eindeutig ein Mann von der Feuerwehr.
13. Klirrende Kälte!
Das Streichholz!
14. Rums!
Nirgendwo, die Überlebenden leben ja noch.
15. Herbstlaub
Einen Laubhaufen.
16. Zu Hause
Wenn alle Seiten nach Süden schauen, steht das Haus am Nordpol und der Bär muss ein Eisbär sein, also weiß.

36–37 Zahlenmuster

Ausbruchsversuch
Beim Errechnen der Lösung solltest du in den Nummern der offen bleibenden Türen ein Muster erkennen können – es sind alles Quadratzahlen. Die Antwort lautet also 7, 1, 4, 9, 16, 25, 36 und 49.

Hände schütteln
3 Leute = 3 Handschläge
4 Leute = 6 Handschläge
5 Leute = 10 Handschläge
Die Lösungen sind immer Dreieckszahlen.

Eine perfekte Lösung?
Die nächste perfekte Zahl ist die 28.
Alle perfekten Zahlen enden auf 6 oder 8.

44–45 Wie groß? Wie weit?

Vermessung der Erde
360° : 7,2° = 50
50 · 800 km = 40 000 km

50–51 Reihen erkennen

Nach welchem Muster?
A 1, 100, 10 000, 1 000 000
B 3, 7, 11, 15, 19, 23
C 64, 32, 16, 8
D 1, 4, 9, 16, 25, 36
E 11, 9, 12, 8, 13, 7, 14
F 1, 2, 4, 7, 11, 16, 22
G 1, 3, 6, 10, 15, 21
H 2, 6, 12, 20, 30, 42

52–53 Pascals Dreieck

Taste dich heran
Sieh dir die sechste Reihe des Pascalschen Dreiecks an und addiere die Zahlen zu 64. Es gibt also 64 mögliche Punktkombinationen.

Für Vierpunktmuster gehst du in die vierte Reihe. Sie ergibt als Summe 16, also gibt es 16 mögliche Punktkombinationen.

56–57 Fehlende Zahlen

Sudoku für Einsteiger

1	7	6	4	8	9	3	2	5
5	8	9	7	2	3	1	4	6
4	2	3	6	5	1	8	9	7
3	9	2	8	4	7	5	6	1
8	1	4	5	3	6	2	7	9
6	5	7	9	1	2	4	8	3
9	4	5	3	6	8	7	1	2
7	3	1	2	9	4	6	5	8
2	6	8	1	7	5	9	3	4

Etwas schwieriger

7	8	5	6	9	3	1	2	4
9	6	4	5	2	1	3	8	7
2	1	3	8	4	7	6	5	9
3	5	6	7	8	9	2	4	1
8	4	9	2	1	6	7	3	5
1	2	7	3	5	4	8	9	6
5	7	1	9	6	2	4	8	3
4	9	8	1	3	5	2	7	6
6	3	2	4	7	8	9	1	5

54–55 Magische Quadrate

Kannst du zaubern?

2	7	6
9	5	1
4	3	8

7	4	9	14
5	11	2	16
10	6	15	3
12	13	8	1

24	18	32	5	11	23
2	25	4	27	22	31
34	9	1	10	36	21
6	26	30	28	5	16
33	14	29	8	20	7
12	19	15	35	17	13

Dein eigenes magisches Quadrat

11	24	7	20	3
17	5	13	21	9
23	6	19	2	15
4	12	25	8	16
10	18	1	14	22

Sujiko

7		9		6
	21		18	
3		2		1
	14		15	
5		4		8

66–67 Primzahlpuzzles

Primzahlen aussieben

✗	②	③	✗	⑤	✗	⑦	✗	✗	✗
⑪	✗	⑬	✗	✗	✗	⑰	✗	⑲	✗
✗	✗	㉓	✗	✗	✗	✗	✗	㉙	✗
㉛	✗	✗	✗	✗	✗	㊲	✗	✗	✗
㊶	✗	㊸	✗	✗	✗	㊼	✗	✗	✗
✗	✗	㊼	✗	✗	✗	✗	✗	㊾	✗
㊶	✗	✗	✗	✗	✗	㊺	✗	✗	✗
㊼	✗	㊻	✗	✗	✗	✗	✗	㊾	✗
✗	✗	㊳	✗	✗	✗	㊾	✗	✗	✗
✗	✗	㊾	✗	✗	✗	㊾	✗	✗	✗

Primzahlenwürfel

2	8	3
4	6	9
7	5	1

2	8	3
6	4	9
5	7	1

2	8	9
6	4	3
5	7	1

2	8	3
6	4	9
7	5	1

2	8	3
4	6	9
7	1	5

2	8	9
4	6	3
1	5	7

2	8	9
6	4	3
1	5	7

2	8	1
6	4	9
7	5	3

2	8	1
6	4	9
5	7	3

2	8	1
4	6	9
5	7	3

2	8	1
4	6	9
7	5	3

2	8	7
4	6	1
5	3	9

Kakuro

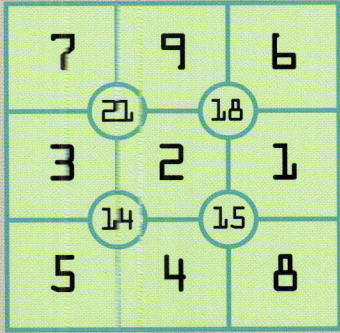

70–71 Dreiecke

Flächen messen
Die Dreiecke haben folgende Flächen:
3 · 7 = 21   21 : 2 = 10,5
3 · 5 = 15   15 : 2 = 7,5
4 · 4 = 16   16 : 2 = 8
4 · 8 = 32   32 : 2 = 16

Zusammen ergibt das:
10,5 + 7,5 + 8 + 16 = 42 Quadratkästchen

80–81 3-D-Puzzles

Würfel bauen
A + D
H + I
E + G
B + C
F bleibt übrig.

Würfel falten
Gittermuster D ergibt keinen Würfel.

Fläche gesucht
Es gibt viele mögliche Lösungen.
Hier ist eine:

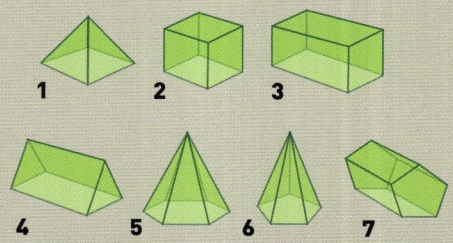

Wie viele findest du noch? Beginne mit unterschiedlichen Körpern. Versuche auch, einen Kreis aus den Körpern zu legen.

Immer der Linie nach
Du kannst den Linien des Oktaeders folgen, aber nicht denen des Tetraeders oder des Würfels. Es kann nicht funktionieren, wenn mehr als zwei Ecken mit einer ungeraden Anzahl weiterer Ecken verbunden sind.

Bausteine
A 10 cm^3
B 19 cm^3

74–75 Flächenzauber

Dreiecke zählen
Es sind insgesamt 27 Dreiecke.

Tangram-Spiele

Pfeil

Fuchs

Kerze

Formen innerhalb von Formen

Den Rahmen sprengen

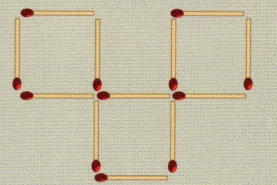 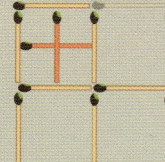

Herausforderung im Quadrat

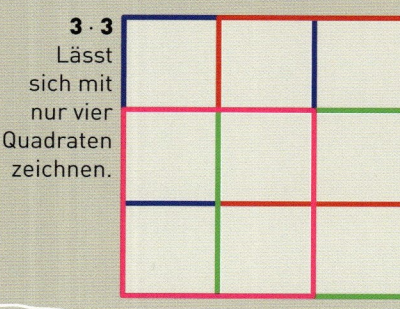

3 · 3
Lässt sich mit nur vier Quadraten zeichnen.

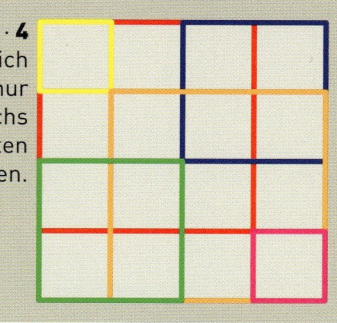

4 · 4
Lässt sich mit nur sechs Quadraten zeichnen.

86–87 Irre Gärten

Einfache Labyrinthe

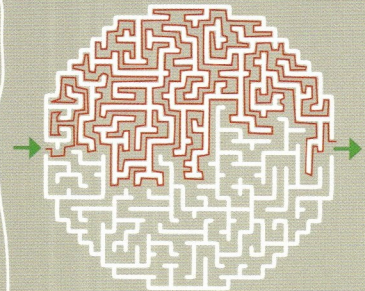

Komplexe Labyrinthe

Verschlungene Wege

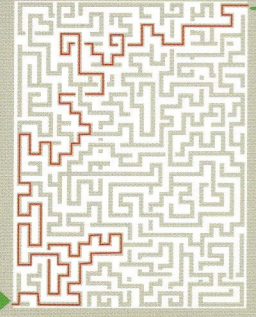

96–97 Karten

Kartensuche
Kirche = F5
Campingplatz = C-D/3-4

100–101 Wahrscheinlichkeit

Was ist wahrscheinlicher?
Die richtige Reihenfolge ist:
1. Fußballspielen
2. Schlangenbiss
3. Sturz in ein Gullyloch
4. Computerspielsucht
5. Flusspferdangriff
6. Blitzschlag
7. Fallende Kokosnuss
8. Haiangriff
9. Zusammenstoß mit einem Laternenpfahl
10. Meteoriteneinschlag

104-105 Logikrätsel und Paradoxe

Logisches Quadrat

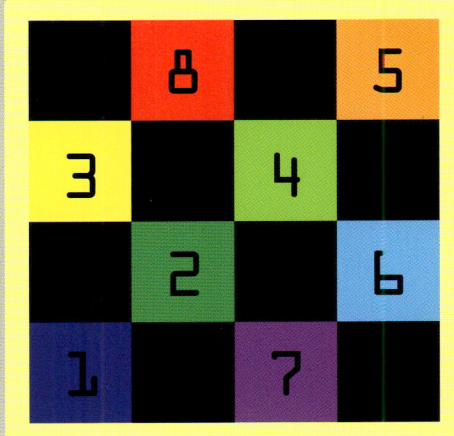

Schwarz oder weiß?
Klaras Hut ist schwarz. Anna könnte ihre Hutfarbe nur kennen, wenn Bea und Klara beide weiße Hüte aufhätten (schließlich sind ja nicht alle drei Hüte weiß). Anna antwortet aber mit Nein. Das heißt, dass zumindest eine der anderen beiden einen schwarzen Hut trägt. Bea erkennt dies und sieht Klara an. Wäre ihr Hut weiß, müsste Beas Hut schwarz sein. Aber das ist er nicht. Daher antwortet Bea mit Nein. Also muss Klara den schwarzen Hut tragen.

Frisurprobleme
Die Geschichte ist ein Paradoxon.

Kopfrechnen
Die Antwort lautet 1349.

Wem gehört welches Haustier?
Anna: Knabberle (Papagei)
David: Gold (Katze)
Bodo: Knöpfchen (Hund)
Karla: Schnapp (Fisch)

Verschollen

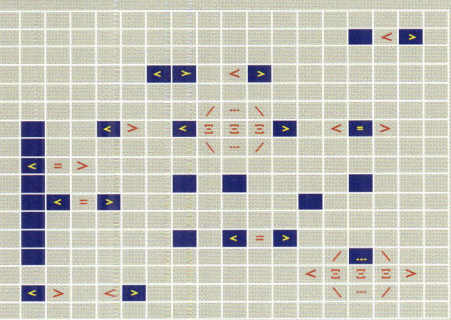

108-109 Codes und Chiffren

Caesar-Verschlüsselung
Die Nachricht lautet: „KLASSE DAS IST EIN SCHWERER CODE".

Substitutions-Chiffre
Die Nachricht lautet: „SPASS MIT CODES".

Polybios-Chiffre
Lösung: „DIESER CODE IST SEHR ALT".

Ein Code aus Formen

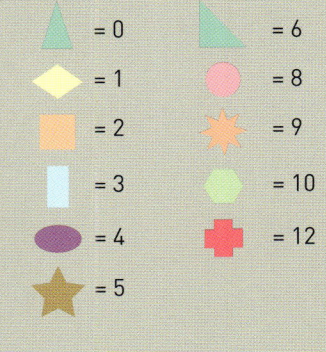

112-113 Algebra

Gewicht auf dem Mond
Auf dem Mond haben Gegenstände nur ein Sechstel des Gewichts auf der Erde. Um zu wissen, was du auf dem Mond wiegen würdest, musst du dein Gewicht also durch sechs teilen.

114-115 Kopfnüsse

Blumig rechnen
In der 3. Blume steht 117. Das Muster lautet: Addiere die drei kleineren Zahlen und multipliziere sie mit der größten Zahl. Also (3 + 4 + 6) · 9 = 117.

Kuchen backen
Für den Teig aus 3 Eiern benötigt Johann 75 g Butter, 150 g Zucker und 120 g Mehl.

Geflatter
Die Differenz beträgt zwei. Säßen z.B. sieben Vögel im Apfelbaum und einer flöge hinüber, um die Gruppen auszugleichen, müssten vorher fünf in der Birke sitzen.

Im Gleichgewicht
Du benötigst 12 Golfbälle.

Ganz schön fruchtig!
Ananas = 12   Banane = 20
Orange = 18   Erdbeere = 15
Apfel = 6   Trauben = 16

118-119 Das große Quiz

1 B – Mitternacht ist 24:00 Uhr.
2 B
3 C
4 B
5 A
6 A
  2,1 % von 43 000 ist größer als 0,21 % von 4300
7 C
8 B
9 A – Du addierst zwei negative Zahlen, also: (–1) + (–2) = –3.
10 A
11 C
12 B
  Um die Dreiecksfläche zu berechnen, rechne: 1/2 Höhe x Länge der Grundseite. Das gleichseitige Dreieck hat die höchsten Werte und ist daher das größte.
13 C
  Ein Tetraeder hat nur vier Seiten.
14 B
15 B
  Der Würfel ist ein Körper und nicht zweidimensional.
16 C
17 A
  Der Rand des Kreises liegt immer im maximalen Abstand zur Kreismitte.
18 Eine Fangfrage: Durch null kann man nicht dividieren.

REGISTER

A
Aberglaube 62–63
Absoluter Nullpunkt 31
Achsensymmetrie 73
Ägypter 27, 40, 44
  Bruchrechnen 26
  Zahlensystem 28–29
  Zeitmessung 94
Akademie der Wissenschaften St. Petersburg 84, 85
Algebra 112–115
Analysis 41, 99
Archimedes 40–41
Archimedische Schraube 40
arithmetische Folgen 50
Asteroiden 46
Astronomie 43, 46, 58, 98, 99
Atomuhr 95
Augen 11, 79, 90
  siehe auch Visualisierung

B
Babbage, Charles 21, 106
Babylonier
  Null 30
  Sechziger-System 27, 28, 63
  Stellenwertsystem 27
  Winkelgrad 43
  Zahlensystem 28–29
Babys 14
Bacon, Roger 19
Barn (Maßeinheit) 47
Bartwuchs 46
Bewegung 98
Binärsystem 29
Bletchley Park 110, 111
Bombe 110
Brahmagupta 30
Braille 53
Brüche 26, 33

C
Caesar-Verschlüsselung 108
Cantor, Georg 61
Ceres 58
Chaos 100
Checkliste 103
Chiffren 106–109

Chiffrenrad 108
Chilischoten 47
China 62, 63, 74
  Zahlensystem 28–29
Christentum 62, 63
Codes und Codeknacker 67, 106–111
Computer 17, 50
  Binärsystem 29
  Computergeschichte 21, 53, 110–111
  Hacker 107
  Verschlüsselung 67, 107

D
Daten darstellen 102–103
Datumsgrenze 94–95
Dekagon 72
Dezibel (dB) 46
Dezimalsystem 28, 31
Diagramme 59, 102
Distanzmessung 44, 71, 95
Division 39
Dodekaeder 33, 84
Dodekagon 72
Donut-Ring 81
Drachenform 72
Drehsymmetrie 73
Dreiecke 32, 70–71, 74
  Pascalsches Dreieck 52–53
  Penrose-Dreieck 90
Dreieckszahlen 37
Durchmesser 76, 77
Dyskalkulie 18

E
Eier 79, 82
Einstein, Albert 117
elektronische Netzwerke 87
Ellipsen 77
Enigma-Verschlüsselungsmaschine 110
Eratosthenes 45, 66
Erdvermessung 45
Erkenntnis 11
Escher, Maurits Cornelis 61
Euklid 26
Euler, Leonhard 84–85
Ewigkeit 60

F
Faktoren 37
  Primfaktoren 67
Faraday, Michael 18
Farben 12, 89
Fermat, Pierre de 16
Fibonacci (Leonardo da Pisa) 27
Fibonacci-Folge 51, 53
Fingerabdrücke 42
Flächen messen 71
Flächenschluss 73
Flaschenzüge 41
Flipper 100
Formeln 112
Formen
  Körper 23, 78–83
  unmögliche Formen 90–91
Formencodes 109
Fujita-Skala 47
Fußabdrücke 43
Fußballform 79

G
Galilei, Galileo 99, 116
Gauß, Carl Friedrich 58–59
Gedächtnis 13, 15
Gehirn 10–11, 12–13, 14, 73
  dreidimensionales Sehen 79
  Gedächtnis 13, 15
  Neuronen 11, 16
  oder Maschine 16–17
  Visualisierung 12, 13, 19, 22–23
Genetik 116
Geometrie *siehe* Formen
geometrische Folgen 50
Geruchsmessung 47
Gewinnchancen 7, 100, 101
Gewinnspanne 7
Gleichgewicht 115
gleichschenklige Dreiecke 70
gleichseitige Dreiecke 70
Gleichungen 112–113
Glockenkurve 59
Glückszahlen 62–63
Gödel, Kurt 117
Goldene Spirale 51

Goldener Schnitt 51
Goldenes Rechteck 51
GPS (Global Positioning System) 97
Grad, Winkel 43
Graphentheorie 85
Gravitation *siehe* Schwerkraft
Great Internet Mersenne Prime Search (GIMPS) 67
Greenwich-Meridian 94, 95
Griechen 26–27, 36, 37, 71, 76, 84, 109
  Labyrinth von Kreta 86, 87
  Zahlensystem 28–29
  siehe auch Archimedes, Eratosthenes, Pythagoras
große Gleichungen 113
Großhirn 10–11
Gudder, Stan 117

H
Hacker 107
Halley, Edmond 98
Häufigkeitsanalyse 107
Heptadekagon 58
Heptagon 72
Hexagon 72, 76
Hipparchos 71
Hippasos 33
Hockeyschläger-Summen 53
Höhenlinien 96
Honigwaben 73
Hopper, Grace 21
Hypatia 21
Hypotenuse 32

I
Ikosaeder 33, 78, 79, 84
Intuition 34
irrationale Zahlen 33, 76
Irrgärten 86–87
Islam 62

J
Jefferson, Thomas 106

K

Kakuro 57
Kaprekar-Konstante 65
Kieselalgen 73
Kinder 14–15
King, Augusta Ada 21
Knifflige Rätsel
    Codes und Chiffren 108–109
    Das große Quiz 118–119
    Daten darstellen 102–103
    Die Lösung sehen 22–23
    3-D-Puzzles 80–81
    Ein Kopf für Mathe 12–13
    Flächenzauber 74–75
    Irre Gärten 86–87
    Kopfnüsse 114–115
    Logikrätsel und Paradoxe 104–105
    Magische Quadrate 54–57
    Optische Täuschungen 23, 88–91
    Raus aus der Schublade 34–35
    Rechentipps 38–39
    Wie groß? Wie weit? 44–45
    Zahlentricks 64–65
Kometen 98
Königsberger Brückenproblem 85
Körper 23, 78–83
    siehe auch menschlicher Körper
Kowaljowskaja, Sofia 20
Kraft 41, 43
Kreise 76–77
Kreisel 20
Kriminalstatistik 102–103
Kristalle 78
Kubikzahlen 37
Kuchendiagramme 21, 103
Kugeln 79
Kunst 11, 61
künstliche Intelligenz 17, 110
Kuppeln 82
Kurven 59, 77

L

Labyrinth von Kreta 86, 87
Landkarten 96–97
Lautstärkemessung 46
Lawine 47
Leibniz, Gottfried Wilhelm 84, 99
Lemaire, Alex 38
Licht 98
Lichtjahre 95
Logik 104–105, 114–115
logisches Denken 10
Lügendetektor 43

M

magische Quadrate 54–55
magische Zahlen 51, 54–55
Magnetismus 59
Malthus, Thomas 50
Maßeinheiten 42–47, 71
Maßstab 97
Mathematik
    lernen 14–15, 18, 26–27
    mathematisches Talent 10, 12–13
Mathematikerinnen 20–21
Maya-Zahlensystem 28–29
Mendel, Gregor 116
Mengendiagramme 103
menschlicher Körper
    Asymmetrie 73
    innere Uhr 95
    Körperteile als Maßeinheiten 44
Meridian von Greenwich 94, 95
Meyer Driscoll, Agnes 106
Möbiusband 91
Mond 59, 113
Moore, Gordon E. 50
Multiplikation 38
Münzen
    Falschmünzerei 99
    werfen 52, 100
Musik 11, 33
Muster 7, 35–37, 50–53, 113

N

Nahrung
    Maßeinheiten 47
    Nahrungsproduktion 50
Natur 51, 67, 73, 116
Netzwerkdiagramme 87
Neuronen (Nervenzellen) 11, 16
Newton, Isaac 98–99
Nightingale, Florence 21
Noether, Amalie „Emmy" 20
Nonagon 72
Null 30–31
    Wahrscheinlichkeit 100
Numerophobie 18

O

Oktaeder 33, 78, 81, 84
Oktagon 72
Olf-Skala 47
Optik 98
optische Täuschungen 23, 88–91

P

Papier durchsteigen 83
Parabel 77
Paradoxe 104
Parallelogramm 72
Pascal, Blaise 52
Pascalsches Dreieck 52–53
Penrose-Dreieck 90
Pentagon 72
perfekte Passform 73
perfekte Zahlen 37
Perspektive 88
Pferdestärken 47
Pflanzen 51, 116
Phi 51
Pi 76
Piktogramme 103
Pilot ACE 111
Ping-Pong 27
Pisa, Leonardo da siehe Fibonacci
Planetarium, erstes 40
Planeten 77, 79, 99
    Zwergplaneten 58
platonische Körper 84
Plattfische 73
Pole 94
Polybios-Chiffre 109
Polyeder, regelmäßige 33
Polygone 72
Primfaktoren 67
Primzahlen 66–67
Primzahlensieb 66
Prismen 81, 98
Programmiersprachen 21
Public-Key-Verschlüsselung 107
Pyramiden 78, 81
Pythagoras 26, 32–33
    Satz des Pythagoras 32

Q

Quadrate 71, 72, 75
    logische 104
    magische 54–55
Quadratpuzzle 6
Quadratrechnung 39
Quadratzahlen 36
Querdenken 34, 75

R

Radioteleskope 77
Radius 76
Ramanujan, Srinivasa 16
rationale Zahlen 33
räumliches Denken 11
Rechnen 6, 27, 44–45
    Tricks und Eselsbrücken 38–39
Rechteck 72
rechter Winkel 70
rechtwinkliges Dreieck 70
Reihen 50–51
Rhombus 72
römische Maßeinheiten 44
römische Zahlen 28–29, 31, 62
Roulette 101
Russland 63, 84, 85, 94

S

Säulendiagramm 102
Savarts 16
Schach 55
Schatten 44
Schneeflocken 73
Schwerkraft 79, 85, 99, 113, 117
Scoville-Skala 47
Sechziger-System 27, 28, 63
Seesterne 73
Sehen 11, 79, 90
Sekunden zählen 45
Semiprimzahlen 67
Sonne 44, 45, 79, 99
Spielkasinos 101
Spinnennetze 73
Spiralen 51
Spurensicherung 42–43
Standard-Maßeinheiten 42
Statistik 21
Stellenwertsystem 27, 31
Strichcodes 106
Strichlisten 26, 102
Stringtheorie 117
Sturm 45
Substitutions-Chiffre 108
Sudoku 56
Sujiko 57
Supercomputer 117
Symmetrie 73

T

Tabellen 103
Tammet, Daniel 16
Tangram 74
Telegraf, elektromagnetischer 59
Teleskope 98
Temperaturmessung 31

Tetraeder 33, 78, 81, 82, 84
Tiere 14–15, 73
Tornadostärkemessung 47
Torus 81
Trapez 72
Turiner Skala 46
Turing, Alan 110–111

U
Übung 19
Uhren 95
Umfang 76
Umlaufbahnen 77, 98
Unendlichkeit 60–61
ungleichseitige Dreiecke 70
Unglückszahlen 62–63
Universum 61, 116–117

V
Vernunft 10
Verpackungen 79
Verschlüsselung 67, 107
Videospiele, Trainingseffekt durch 23
Vierecke 72
Vinci, Leonardo da 51
Visualisierung 12, 13, 19, 22–23
Volumenmessung 40
Vorhersagen 101
Vulkane, Explosivität von 46

W
Wahrscheinlichkeit 52, 100–101
Walsingham, Francis 106
Wasserbombe 83
Wiles, Andrew 16
Winkel 43
  rechter Winkel 70
Wissenschaften 6, 116–117
wissenschaftliche Notation 43
Wunderkinder 16
Würfel 33, 78, 80, 81, 83, 84

Z
Zählen 12, 26–27, 28
Zahlen
  erste Schriftzahlen 27
  Glücks- und Unglückszahlen 62–63
  große Zahlen 41, 43
  irrationale Zahlen 33, 76
  irreführende Zahlen 19
  kleine Zahlen 43
  perfekte Zahlen 37
  Primzahlen 66–67
  Probleme mit Zahlen 18–19
  rationale Zahlen 33
  Visualisierung 12, 13, 19
  Welt ohne Zahlen 29
Zahlenfolgen 50–51
Zahlengespür, Tiere 14–15
Zahlenmagie 51, 54–55
Zahlenmuster 36–37, 50–53, 113
Zahlensinn, Kinder 14–15
Zahlensysteme 27, 28–29, 31
Zahlenfolgen 50–51
Zahlentricks 64–65
Zahlenverhältnis 51
Zehn 32
  Dezimalsystem 28, 31
Zehner-System *siehe* Dezimalsystem
Zeit 94–95
Zeitzonen 94–95
Ziffern 26, 28, 39
Zikaden 67

DANK UND BILDNACHWEIS

Dorling Kindersley dankt:
Redaktionelle Arbeit: Carron Brown, Mati Gollon, David Jones, Fran Jones, Ashwin Khurana
Gestalterische Arbeit: Sheila Collins, Smiljka Surla
Zusätzliche Illustrationen: Keiran Sandal
Register: Jackie Brind

Der Verlag dankt folgenden Personen und Institutionen für die freundliche Genehmigung zum Abdruck von Bildern:

(Abkürzungen: o = oben, u = unten, m = Mitte, l = links, r = rechts, g = ganz)

10-11 Science Photo Library: Pasieka (m) **11 Science Photo Library:** Pascal Goetgheluck (ur). **15 Mary Evans Picture Library:** (ml) **16 Getty Images:** AFP (mlu). **Science Photo Library:** Professor Peter Goddard (mru). **TopFoto.co.uk:** The Granger Collection (gol). **17 Corbis:** Imaginechina (gor). **Image originally created by IBM Corporation:** (ml) **18 Corbis:** Hulton-Deutsch Collection (um). **Getty Images:** Kerstin Geler (ur). **20 Alamy Images:** RIA Novosti (ml). **Science Photo Library:** (mr) **21 Corbis:** Bettmann (ur, gol). **Dreamstime.com:** Talisalex (gom). **Getty Images:** SSPL (gogr/Babbages Computer). **Science Photo Library:** Royal Institution of Great Britain (gor). **32 Corbis:** Araldo de Luca (gor). **Science Photo Library:** Sheila Terry (ml) **33 akg-images:** (ml). **Corbis:** HO / Reuters (mr). **Science Photo Library:** (m) **38 Getty Images:** AFP (ul) **40 Alamy Images:** Nikreates (mu). **Corbis:** Bettmann (ml); Heritage Images (mr) **41 Getty Images:** Time & Life Pictures (mr, m) **43 NASA:** JPL (ur). **Science Photo Library:** Power and Syred (mr) **52 Corbis:** The Gallery Collection (ul) **58 akg-images:** (mr). **Science Photo Library:** (gol); Mark Garlick (um) **59 akg-images:** Interfoto (ur). **Getty Images:** (um); SSPL (mr). **Mary Evans Picture Library:** Interfoto Agentur (m) **61 Corbis:** ESA / Hubble Collaboration / Handout (ur); (ul). © 2012 The M.C. Escher Company - Holland. All rights reserved. www.mcescher.com: M. C. Escher's Smaller and Smaller (gor). **71 Alamy Images:** Mary Evans Picture Library (ul) **73 Corbis:** Jonn / Jonnér Images (m). **Getty Images:** John W. Banagan (mro); Christopher Robbins (gor). **Science Photo Library:** John Clegg (mr) **77 Getty Images:** Carlos Casariego (ul) **79 Science Photo Library:** Hermann Eisenbiess (ur) **84 Alamy Images:** liszt collection (ml). **TopFoto.co.uk:** The Granger Collection (m) **85 Corbis:** Bettmann (m); Gavin Hellier / Robert Harding World Imagery (mr). **Getty Images:** (mlu) **88 Getty Images:** Juergen Richter (gor). **Science Photo Library:** (ul) **89 Edward H. Adelson:** (ur). **Alamy Images:** Ian Paterson (gor) **98 Dorling Kindersley:** Science Museum, London (m). **Getty Images:** (mlo); SSPL (ul). **Science Photo Library:** (mr) **99 Corbis:** Image Source (mr). **Getty Images:** Time Life Pictures (m) **110 Getty Images:** Joe Cornish (mlu); SSPL (ur). **King's College, Cambridge:** Mit freundlicher Genehmigung der Familie Turing sowie Provost and Fellows (gor) **111 Alamy Images:** Pictorial Press (m); Peter Vallance (ur). **Getty Images:** SSPL (gor) **116 Dreamstime.com:** Aleksandr Stennikov (mr/mgr rosa Gerbera); Tr3gi (rosa/weiße Gerbera) **117 Science Photo Library:** Mehau Kulyk (um)

Cover: *Vorn:* Dorling Kindersley: The Science Museum, London (Taschenrechner)

Alle anderen Abbildungen © Dorling Kindersley

Weitere Informationen unter:
www.dkimages.com